丰富民俗文化

古老的
佳节

王丽 编著

北方妇女儿童出版社
·长春·

图书在版编目(CIP)数据

古老的佳节 / 王丽编著. —长春：北方妇女儿童出版社，2017.5（2022.8重印）
（丰富民俗文化）
ISBN 978-7-5585-1070-0

Ⅰ．①古… Ⅱ．①王… Ⅲ．①节日－风俗习惯－中国－通俗读物 Ⅳ．①K892.1-49

中国版本图书馆CIP数据核字(2017)第100708号

古老的佳节

GULAO DE JIAJIE

出 版 人　师晓晖
责任编辑　吴　桐
开　　本　700mm×1000mm　1/16
印　　张　6
字　　数　85千字
版　　次　2017年5月第1版
印　　次　2022年8月第3次印刷
印　　刷　永清县晔盛亚胶印有限公司
出　　版　北方妇女儿童出版社
发　　行　北方妇女儿童出版社
地　　址　长春市福祉大路5788号
电　　话　总编办：0431-81629600

定　　价　36.00元

习近平总书记说："提高国家文化软实力，要努力展示中华文化独特魅力。在5000多年文明发展进程中，中华民族创造了博大精深的灿烂文化，要使中华民族最基本的文化基因与当代文化相适应、与现代社会相协调，以人们喜闻乐见、具有广泛参与性的方式推广开来，把跨越时空、超越国度、富有永恒魅力、具有当代价值的文化精神弘扬起来，把继承传统优秀文化又弘扬时代精神、立足本国又面向世界的当代中国文化创新成果传播出去。"

为此，党和政府十分重视优秀的先进的文化建设，特别是随着经济的腾飞，提出了中华文化伟大复兴的号召。当然，要实现中华文化伟大复兴，首先要站在传统文化前沿，薪火相传，一脉相承，弘扬和发展5000多年来优秀的、光明的、先进的、科学的、文明的和自豪的文化，融合古今中外一切文化精华，构建具有中国特色的现代民族文化，向世界和未来展示中华民族具有独特魅力的文化风采。

中华文化就是中华民族及其祖先所创造的、为中华民族世世代代所继承发展的、具有鲜明民族特色而内涵博大精深的优良传统文化，历史十分悠久，流传非常广泛，在世界上拥有巨大的影响力，是世界上唯一绵延不绝而从没中断的古老文化，并始终充满了生机与活力。

浩浩历史长河，熊熊文明薪火，中华文化源远流长，滚滚黄河、滔滔长江是最直接的源头，这两大文化浪涛经过千百年冲刷洗礼和不断交流、融合以及沉淀，最终形成了求同存异、兼收并蓄的辉煌灿烂的中华文明。

中华文化曾是东方文化的摇篮，也是推动整个世界始终发展的动力。早在500年前，中华文化催生了欧洲文艺复兴运动和地理大发现。在200年前，中华文化推动了欧洲启蒙运动和现代思想。中国四大发明先后传到西方，对于促进西方工业社会形成和发展曾起到了重要作用。中国文化最具博大性和包容性，所以世界各国都已经掀起中国文化热。

中华文化的力量，已经深深熔铸到我们的生命力、创造力和凝聚力中，是我们民族的基因。中华民族的精神，也已深深根植于绵延数千年的优秀文化传统之中，是我们的精神家园。但是，当我们为中华文化而自豪时，也要正视其在近代衰微的历史。相对于5000年的灿烂文化来说，这仅仅是短暂的低潮，是喷薄前的力量积聚。

中国文化博大精深，是中华各族人民5000多年来创造、传承下来的物质文明和精神文明的总和，其内容包罗万象，浩若星汉，具有很强的文化纵深感，蕴含丰富的宝藏。传承和弘扬优秀民族文化传统，保护民族文化遗产，已经受到社会各界重视。这不但对中华民族复兴大业具有深远意义，而且对人类文化多样性保护也有重要贡献。

特别是我国经过伟大的改革开放，已经开始崛起与复兴。但文化是立国之根，大国崛起最终体现在文化的繁荣发展上。特别是当今我国走大国和平崛起之路的过程，必然也是我国文化实现伟大复兴的过程。随着中国文化的软实力增强，能够有力加快我们融入世界的步伐，推动我们为人类进步做出更大贡献。

为此，在有关部门和专家指导下，我们搜集、整理了大量古今资料和最新研究成果，特别编撰了本套图书。主要包括传统建筑艺术、千秋圣殿奇观、历来古景风采、古老历史遗产、昔日瑰宝工艺、绝美自然风景、丰富民俗文化、美好生活品质、国粹书画魅力、浩瀚经典宝库等，充分显示了中华民族厚重的文化底蕴和强大的民族凝聚力，具有极强的系统性、广博性和规模性。

本套图书全景展现，包罗万象；故事讲述，语言通俗；图文并茂，形象直观；古风古雅，格调温馨，具有很强的可读性、欣赏性和知识性，能够让广大读者全面触摸和感受中国文化的内涵与魅力，增强民族自尊心和文化自豪感，并能很好地继承和弘扬中国文化，创造未来中国特色的先进民族文化，引领中华民族走向伟大复兴，在未来世界的舞台上，在中华复兴的绚丽之梦里，展现出龙飞凤舞的独特魅力。

源于祭祀——腊八节

饮宴踏青——上巳节

多进美言——祭灶节

腊八节

　　腊八节，俗称"腊八"，是古代欢庆丰收、感谢祖先和神灵（包括门神、户神、宅神、灶神和井神）的祭祀仪式，夏代称腊日为"嘉平"，商代为"清祀"，周代为"大蜡"。

　　因在农历十二月举行，故称该月为腊月，称腊祭这一天为腊日。先秦的腊日在冬至后的第三个戌日。

　　腊八节是用来祭祀祖先和神灵，祈求丰收和吉祥的节日，后来东汉佛教传入，为了扩大在本土的影响力，遂附会传统文化，把腊八节定为佛成道日。在我国，有腊八节喝腊八粥和泡腊八蒜的习俗。

杂米粥意在警示后人勤俭

相传那是在很久以前，有一户农家，家中有3口人，老两口儿老来得子，守着一个儿子艰难地生活，日子虽然苦，但是一家其乐融融的。

老汉是个勤快人，每天天不亮就到地里了，基本上整天都泡在那

古人耕种图

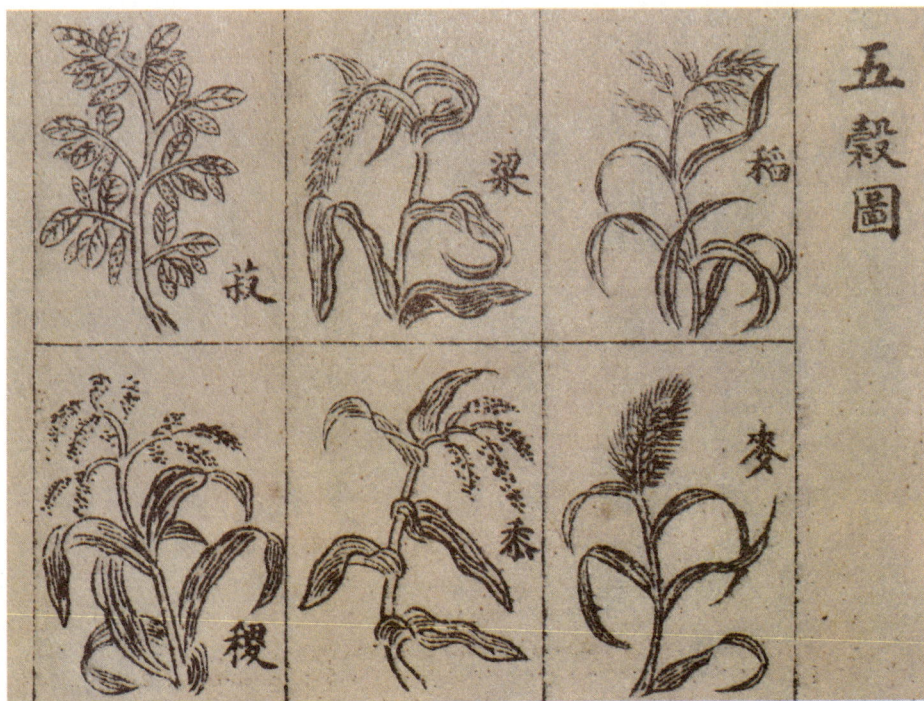

■ 五谷图

里，每天披星戴月，精耕细作，调理的几亩农田年年
都是五谷丰登。

老婆婆是个勤俭的人，院子里瓜棚遮天，园菜铺
地，一日三餐，精打细算，家境虽不富裕，但一年四
季吃穿不愁。

老两口儿不但勤劳节俭，还心地善良，如果遇到
天灾人祸，谁家揭不开锅了，他们还常常拿些米粮接
济给这些人家，帮助他们渡过难关。

光阴似箭，日月如梭。转眼间，他们的儿子已经
18岁了，虽说小伙子长得五大三粗，身强力壮的，
但是跟他的爹娘却有很大的差别，懒得出奇，这也是
从小饭来张口衣来伸手娇惯坏了。长大了还是胡吃闷
睡，游游逛逛，什么活儿也不干。

一天，老汉摸摸花白的胡子，感到自己老了，

五谷 是古代所
指的五种谷物。
"五谷"在古
代有多种不同说
法，最主要的有
两种：一种指
稻、黍、稷、
麦、菽；另一种
指麻、黍、稷、
麦、菽。两者的
区别是：前者有
稻无麻，后者有
麻无稻。古代经
济文化中心在黄
河流域，稻的主
要产地在南方，
而北方种稻有
限，所以五谷中
最初无稻。

■ 聚宝盆年画

对儿子说："爹娘只能养你小，不能养你老。要吃饭，得流汗。你学学种庄稼过日子吧。"

儿子"哼哼"两声，这个耳朵进，那个耳朵出，照旧溜溜达达，胡吃闷睡，一点儿也没有将老人的告诫听进去。

不久，老两口儿给儿子娶了媳妇儿，原想着只要给儿子成了家，接下来就该合计怎么干活儿过日子了。

起初，这小两口儿和老两口儿预想的一样，儿子和媳妇儿虽不算是特别勤劳，但是也能勉强糊口，加上老人的帮衬，日子倒也过得去。

哪知时间一久，媳妇儿的本性就露了出来，媳妇儿跟儿子一样，也是好吃懒做的人，可谓是横草不拿，竖草不拈，日头不落睡，日出三竿起，不动针线，不进灶房，倒了油瓶也不去扶。

一天，老婆婆梳着头发，看着铜镜中自己满头的白发，自知土已经埋到了脖子，上天留给自己的日子不多了。于是，就把满心的话说给媳妇儿听："勤是摇钱树，俭是聚宝盆。要想日子过得好，勤俭是个宝。"

可是儿媳妇儿却把这话当成了耳边风，一句也没有听进去，更何谈放在心里。

过了几年，老两口儿的身体一天不如一天，而且身患重病，躺在床上再也无法干活儿了。

有一天，老两口儿把小两口儿叫到床前，含着眼泪默默地盯着小两口儿，语重心长地对小两口儿嘱咐再三："要想日子过得富，鸡叫三遍离床铺。男当勤耕作，女应多织布……"

话还没有说完，老两口儿就两眼一翻，一起去世了。

老两口儿去世之后，小两口儿托乡亲们帮忙埋葬了两位老人，然后看看囤里粮、缸里米、柜里棉、箱里衣，男人说："有吃有喝不用愁，何必下地晒日头。"

女人附和着说："夏有单衣冬有棉，何必纺织到日偏。"

小两口儿一唱一和，好不乐呵，早把两位老人的遗嘱忘到九霄云外了。

就这样，一年又一年过去了，几亩田地也很快变成了荒草园。家里的柴米油盐、衣被鞋袜，一天少似

源于祭祀

腊八节

摇钱树 是汉代西南地区中早期生命树演变而成，既保留了商周时先民崇拜的原始宗教观念，又赋予了世俗的祈财纳福的吉祥观念。人们认为这种树会生财、结金钱，摇落以后可再生。而摇钱树又是长生树，谁拥有它，谁就会消灾，富贵长命，子孙昌盛。北京旧俗中有岁末做摇钱树祈年的习俗，预示着新的一年钱财滚滚来。

■ 青铜纺织人像

腊月　农历十二月为"腊月"，古时候也称"蜡月"。这种称谓主要是与岁时之祭祀有关。所谓"腊"，本为岁终的祭名。不论是打猎后以禽兽祭祖，还是因新旧之交而祭祀神灵，反正都是要搞祭祀活动，所以腊月是个"祭祀之月"。

一天。

就这样，小两口儿还是不着急，只要有口吃的，就不动手。又是花开花落，秋去冬来，地里依旧颗粒无收，家里的吃穿也已经没有了。

看着小两口儿断顿儿的窘境，邻居们念在去世的老人情面上，东家给块馍，西家端碗汤。

可是小两口儿还是不知道悔改，甚至在想："讨饭似乎也是不错的生活方式，也能度时光。"

进了腊月，天气越来越冷了。到了初八这天，天寒地冻，滴水成冰。俗话说："腊七腊八，冻死'叫花'。"小两口儿的屋里没有火，身上还穿着单衣，肚子也饿得咕咕乱叫，蜷缩在冰凉的炕席上"筛糠"，四只眼睛满屋有所期待地搜寻着。

突然，小两口儿发现炕缝里有几粒米豆子，就立马儿从炕上跳起来用手一粒粒抠出来。他们又发现地缝里还有米粒，也都挖出来。这可是救命稻草啊，他俩东捡西凑地弄了一把，放进锅里。

然后他们把炕上的铺草塞进灶膛，就这样熬了一锅杂七烩八的粥，有小米、玉米、黄豆、小豆、高粱……凡是在房间内找到能充饥的都放了进去。

煮熟后只够一人吃一碗的，看

■ 春耕图

着这好不容易做出来的一碗粥，小两口儿悲悲切切地吃起来了。这时，两人才想起二位老人的教诲，后悔没有早听进去，可是现在已经晚了。

五谷杂粮图

正在小两口儿悲切之时，一阵大风刮来，由于这房子年久失修，早已破烂不堪，被风这么一吹，"呼啦"一声，房倒屋塌了，小两口儿被压在底下，没能逃出来。等邻居听到声响赶来把他们挖出来时，小两口儿都已经死了，身边还放着半碗杂米粥。

从此以后，乡亲们每到腊月初八这天，家家都会熬一锅杂米粥让孩子们吃，并给孩子讲这杂米粥的故事，来教育他们。

"杂米粥"的意思是"吃顿杂合粥，教训记心头"。就这样，这个故事一传十，十传百，越传越远。父传子，子传孙，代代相传。形成了腊月初八吃"杂米粥"的习俗。因为这粥是腊月初八吃，所以也就叫作"腊八粥"。

阅读链接

宋代的陆游在《十二月八日步至西村》一诗中写道："腊月风和意已春，时因散策过吾邻。草烟漠漠柴门里，牛迹重重野水滨。多病所须唯药物，差科未动是闲人。今朝佛粥更相馈，更觉江村节物新。"

诗中写道，虽是隆冬腊月，但已露出风和日丽的春意。柴门里草烟漠漠，野河边有许多牛经过的痕迹。腊日里人们互赠、食用着佛粥，即腊八粥，更感觉到清新的气息。

腊八节多种多样的传说故事

■释迦牟尼像

相传腊八粥传自印度，佛教的创始者释迦牟尼本是古印度北部迦毗罗卫国净饭王的儿子。他见众生受生老病死等痛苦折磨，又不满当时婆罗门的神权统治，舍弃王位，出家修行。

初无收获，后经6年苦行，于腊月初八，在菩提树下成佛。在这6年苦行中，每日仅食一麻一米。后人不忘他所受的苦难，于每年腊月初八吃粥以做纪念。"腊八"就成了"佛祖成道纪念日"。

"腊八"是佛教的盛大节日，各地佛寺行浴佛会，进行诵经，并效仿释迦牟尼成佛前牧女献乳糜的传说故事，用香谷、果实等煮粥供佛，称"腊八粥"。将腊八粥赠送给门徒及善男信女们，以后便在民间相沿成俗。

据说有的寺院于腊月初八以前由僧人手持钵盂，沿街化缘，将收集来的米、栗、枣、果仁等材料煮成腊八粥散发给穷人。

■ 寺院施粥用的铜锅

传说吃了它以后可以得到佛祖的保佑，所以穷人把它叫作"佛粥"。

南宋诗人陆游有诗道：

今朝佛粥更相馈，　更觉江村节物新。

据说杭州名刹天宁寺内有储藏剩饭的"栈饭楼"，平时寺僧每日把剩饭晒干，积一年的余粮，到腊月初八煮成腊八粥分赠信徒，称为"福寿粥"。

"福寿粥"的意思是说吃了以后可以增福增寿，可见当时各寺僧爱惜粮食之美德。

腊八粥在当时是用红小豆和糯米煮成的，后来材

陆游 （1125年－1210年），字务观，号放翁，浙江绍兴人。南宋诗人。孝宗时赐进士出身。中年入蜀，投身军旅生活，官至宝章阁待制，晚年退居家乡。他创作的诗歌很多，今存九千多首，内容极为丰富，多抒发政治抱负，反映人民疾苦，抒写日常生活，也多清新之作。

《武林旧事》
成书于1290年以前，是追忆南宋都城临安城市风貌的著作。全书共10卷，为了解南宋城市经济文化和市民生活，以及都城面貌和宫廷礼仪提供较丰富的史料，对于文学、艺术和戏曲史的研究，尤为珍贵。

料逐渐增多。南宋人周密著《武林旧事》说：

> 用胡桃、松子、乳蕈、柿、栗之类作粥，谓之"腊八粥"。

我国江南、东北、西北广大地区人民仍保留着吃腊八粥的习俗，广东地区已不多见。所用材料各有不同，多用糯米、红豆、枣子、栗子、花生、白果、莲子、百合等煮成甜粥。

也有加入桂圆、龙眼肉、蜜饯等同煮的。冬季吃一碗热气腾腾的腊八粥，既可口又有营养，确实能增福增寿。

还有传说腊八节来自古老的"赤豆打鬼"风俗，传说上古五帝之一的颛顼氏，有3个儿子，这3个儿子死后都变成了恶鬼，专门出来惊吓孩子。

■ 岳家军蜡像

像氏瑒高項顓

古代人们普遍迷信，害怕鬼神，认为大人孩子中风得病、身体不好都是由于恶鬼作祟。这些恶鬼天不怕地不怕，单怕赤豆，故有"赤豆打鬼"的说法。所以在腊月初八这天以红小豆、糯米熬粥，以祛疫迎祥。

到了秦始皇时期，秦始皇为了巩固边境，大力修建长城，天下民工奉命而来，长年不能回家，吃粮靠家里人送。有些民工，家隔千山万水，粮食送不到，致使不少民工饿死于长城工地。

有一年腊月初八，无粮吃的民工们合伙积了几把五谷杂粮，放在锅里熬成稀粥，每人喝了一碗，最后还是饿死在长城脚下。

为了悼念饿死在长城工地的民工，人们每年腊月初八吃腊八粥，以资纪念。

南宋时的岳飞是当时最为杰出的一位统帅，他重视人民的力量，缔造了"联结河朔"之谋，主张黄河以北的义军和宋军互相配合，以收复失地。

岳飞治军，赏罚分明，纪律严整，又能体恤部属，以身作则，他率领的"岳家军"号称"冻杀不拆屋，饿杀不打掳"。金人流传着"撼山易，撼岳家军

■ 颛顼画像

岳飞　（1103年—1142年），字鹏举。生于北宋相州汤阴县永和乡孝悌里，即今河南省安阳市汤阴县菜园镇程岗村。我国历史上著名的战略家、军事家，抗金名将。谥号"武穆"，宋宁宗时追封为鄂王，改谥号为"忠武"。岳飞被尊为华夏杰出先烈，其"还我河山"和"精忠报国"的爱国精神一直激励着后人。

难"的名句，表示对"岳家军"的最高赞誉。

有一年，岳飞率部抗金于朱仙镇，正值数九严冬，岳家军衣食不济、挨饿受冻，众百姓相继送粥，岳家军饱餐了一顿百姓送的"千家粥"，结果大胜而归。

这天正是十二月初八。岳飞死后，人民为了纪念他，每到腊月初八的时候，便以杂粮豆果煮粥，最终沿袭成俗，名为"腊八节"。

到了明朝，关于腊八节的来源，又增加了一种新的说法。据说当年朱元璋落难，在监牢里受苦时，当时正值寒天，又冷又饿的朱元璋竟然从监牢的老鼠洞里找出一些红豆、大米、红枣等七八种五谷杂粮。又冷又饿的朱元璋便把这些东西熬成了粥，因为那天正是腊月初八，朱元璋便称这锅杂粮粥为腊八粥，并美美地享受了一顿。

后来，朱元璋平定天下，当了皇帝，为了纪念自己在监牢中的那个特殊日子，他就下令把那一天定为腊八节，并把自己那天吃的杂粮粥正式命名为"腊八粥"。

古老的佳节

阅读链接

为什么将一年中的最后一个月称为"腊"呢？含义有三，一曰"腊者，接也"，寓有新旧交替的意思，《隋书·礼仪志》中记载；二曰"腊者同猎"，指田猎获取禽兽好祭祖祭神，腊从肉旁，就是用肉冬祭；三曰"腊者，逐疫迎春"。

《礼记·郊特牲》中解释说："蜡也者，索也。岁十二月，合聚万物而索飨之也。""腊"与"蜡"相似，祭祀祖先称为"腊"，祭祀百神称为"蜡"。

"腊"与"蜡"都是一种祭祀活动，而多在农历十二月进行，时间久了，人们便把十二月称为腊月了。

腊八粥起源于古时蜡祭农神

其实，腊八粥的起源，始之于我国古代天子国君年终时的蜡祭农神，叫作天子大蜡八，而天子大蜡八则是起源于古代炎帝神农氏的始作蜡祭，以告上苍。

国以民为本，民以食为天，饮食是人民生活的根本需要，《易经·系辞》说：

需者，饮食之道也。

即需要的主体是饮食。《礼

■ 神农氏　我国古代神话人物。传说因为他的肚皮是透明的，可以看见各种植物在肚子里的反应，这样能分辨什么植物可以吃，什么植物不可以吃。他还亲尝百草，以辨别药物作用，并以此撰写了人类最早的著作《神农本草经》，教人种植五谷、蓄养家畜，使中国农业社会结构完成。

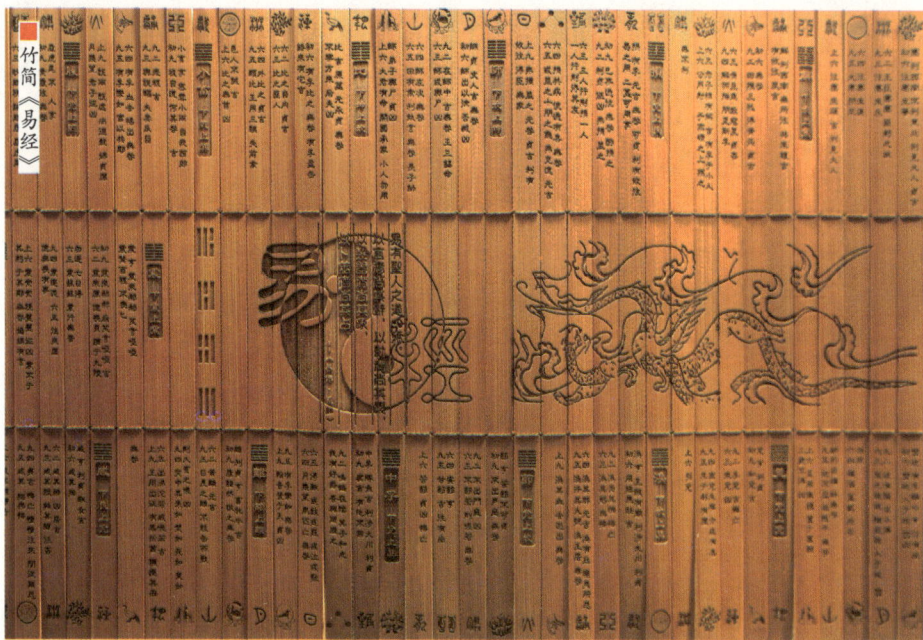

记·礼运》说：

夫礼之初，始诸饮食。

礼俗之初是从保证饮食开始的。食物来自农业的发展。我国农业的兴起，始于头代炎帝神农氏石年的发明农具——树艺五谷。

《易经·系辞》说：

神农氏作，斫木为耜，揉木为耒，耒耨之利，以教天下。

耒耜是农耕用具，即翻田的犁。耒是犁柄，耜是犁铲，翻田耕种，收成五谷。所谓的五谷即稻、黍、稷、麦、菽。

《孟子·滕文公上》中有"树艺五谷"的记载，赵岐《注》说：

五谷，谓稻、黍、稷、麦、菽也。

菽是豆类的总称。五谷收成后，炎帝神农氏于年终十二月始作蜡祭，以告上苍，并祝道：

土反其宅，水归其壑，昆虫毋作，草木归其泽。

蜡祭是庆丰收之意，祷祝则是祈求上苍保佑，来年风调雨顺，土地肥沃，昆虫不作，灾害不生，再来一个好收成。

耤这就是蜡祭。蜡音乍，也音岔，是我国古代天子国君年终时祭祀农神的祭名，即农历每年十二月祭农神之称。蜡还音落，与腊同音。于是，蜡祭也被称作腊祭，腊祭是蜡祭的转称。

蜡祭有八个方面的内容，称为八蜡或蜡八。《礼记·郊特牲》说："八蜡以祀四方。"郑玄《注》说：

蜡有八者：先啬一也；司啬二也；农三也；邮表畷四也；猫虎五也；坊六也；水庸七也；昆虫八也。

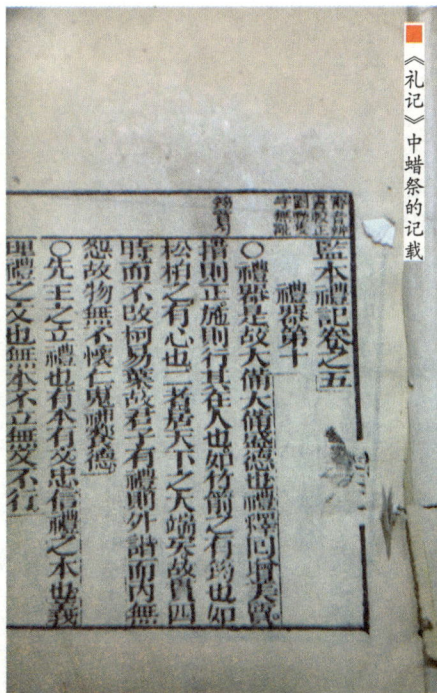

《礼记》中蜡祭的记载

炎帝神农氏开创了我国古代以农业立国的根本，并始作蜡祭，以告上苍，形成我国古代年终蜡祭的开始。蜡祭在我国古代是一件大事。

因此，作为一国之主的历代天子或国君，在每年的农历十二月，都要作蜡祭以祀神，并且进行祷祝，称为天子大蜡八。《礼记·郊

■ 蜡祭画像

古老的佳节

特牲》说：

天子大蜡八。伊耆氏始为蜡，蜡也者，索也。岁十二月，合聚万物而索飨之也。蜡之祭也：主先啬，而祭司啬也。祭百种以报啬也。飨农及邮表畷，禽兽，仁之至、义之尽也。古之君子，使之必报之。迎猫，为其食田鼠也；迎虎，为其食田豕也。

迎而祭之也。祭坊与水庸，事也。曰："土反其宅，水归其壑，昆虫毋作，草木归其泽。"皮弁素服而祭之。

《本草纲目》
明代李时珍撰，药学著作，52卷，全书共190多万字，载有药物1892种，收集医方11 096个，是作者在继承和总结以前本草学成就的基础上，结合长期学习、采访所积累的大量药学知识，经过实践和钻研，历时数十年而编成的一部巨著。

文中，伊耆氏即神农氏。啬即穑，收割庄稼的意思。先啬，始教民以稼穑者。司啬，主管农业者。仁，不忘恩而报答之。义，有功劳必报答之。坊，堤坝，用来储水、障水。水庸即水沟，用来引水、放水。反即返字。皮弁，用白鹿皮制为弁。素服，用素缯布制为服。

八蜡之祭或称蜡八之祭，是祀八谷星。八谷星是主岁收丰俭之星。关于八谷，《本草纲目》记载，"八谷"，《注》说："黍、稷、稻、粱、禾、麻、菽、麦。"《大象赋》的《注》说："稻、黍、大麦、小麦、大豆、小豆、粟、麻。"

八谷一词也是星名，《宋史·天文志》说：

八谷八星，在华盖西、五车北，一曰在诸王西。武密曰："主候岁丰俭，一稻、二黍、三大麦、四小麦、五大豆、六小豆、七粟、八麻。"

《晋书·天文志上》说：

五车星，其西八星曰八谷，主候岁。

根据这些文字，知天子大蜡八的"八"字，并不是随便取的，而是有特定含义的，即祀八谷星神。

阅读链接

腊月是年岁之终，古代农闲的人们无事可干，便出去打猎。一是多弄些食物，以弥补粮食的不足，二是用打来的野兽祭祖敬神，祈福求寿，避灾迎祥。

腊月里的民俗很多。腊月初八，用杂粮做成"腊八粥"。有的农民还要将"腊八粥"甩洒在门、篱笆、柴垛等上面，以祭祀五谷之神。腊月二十三，俗称"小年"，有的地区人们陈设香腊刀头和糖点果品敬供"灶神"等。

腊八节中多样的风俗习惯

　　腊八节，在民间这一天有着许多习俗，首先是祭祀。"蜡祭"本是原始先民庆贺农业丰收的报酬之礼，是农耕文化的重要节庆。应劭的《风俗通》记载："《礼传》：腊者，猎也，言田猎取禽兽，以祭祀其祖也。或曰：腊者，接也，新故交接，故大祭以报功也。"

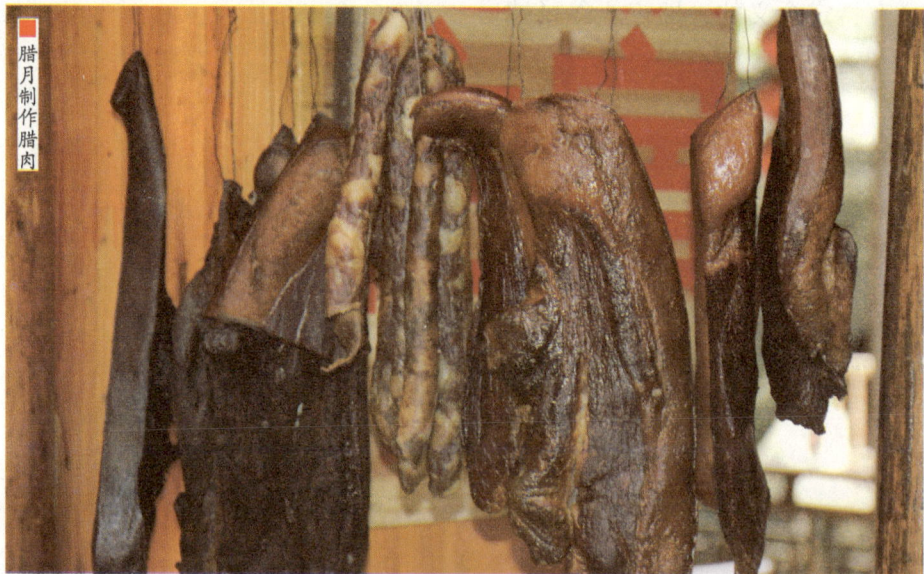

腊月制作腊肉

腊月制作豆腐

蜡祭起源非常早，《礼记·郊特牲》记载："伊耆氏始为蜡，蜡也者，索也。岁十二月，合聚万物而索飨之也。"

《史记·补三皇本纪》也说："炎帝神农氏以其初为田事，故为蜡祭，以报天地。"夏代称腊日祭为"嘉平"，殷曰"清祀"，周曰"大蜡"，汉代改为"腊"。

先秦的蜡祭日在冬至后第三个戌日，南北朝以后逐渐固定在腊月初八。到了唐宋，腊八节又被蒙上神佛色彩。到了明清，敬神供佛更是取代祭祀祖灵、欢庆丰收和祛疫禳灾，而成为腊八节的主旋律。

其节俗主要是熬煮、赠送、品尝腊八粥，并举行庆丰家实。同时，许多人家自此拉开春节的序幕，忙于杀年猪、打豆腐、胶制风鱼腊肉、采购年货，"年"的气氛逐渐浓厚。

在腊八节这天还有许多有趣的饮食习俗，在腊八的前一天，人们一般用盆舀水结冰，等到腊八节就脱盆冰并把冰敲成碎块。据说这天的冰很神奇，吃了它在以后的一年里都不会肚子疼。

腊八粥也叫"七宝五味粥"。我国喝腊八粥的历史，已有1 000多

■ 供桌上的食物"八仙人"

古老的佳节

皇帝 我国帝制时期最高统治者的称号。秦王嬴政统一六国之后，认为自己"德兼三皇、功盖五帝"，创立"皇帝"一词作为华夏最高统治者的正式称号。从此"皇帝"取代了"帝"与"王"，成为封建社会最高统治者的称呼。

年。最早开始于宋代，每逢腊八这天，不论是朝廷、官府、寺院还是黎民百姓家都要做腊八粥。到了清朝，喝腊八粥的风俗更是盛行。

在宫廷，皇帝、皇后和皇子等都要向文武大臣、侍从宫女赐腊八粥，并向各个寺院发放米、果等供僧侣食用。在民间，家家户户也要做腊八粥，祭祀祖先。同时，合家团聚在一起食用，馈赠亲朋好友。

各地腊八粥的花样争奇竞巧，品种繁多。其中以北京的最为讲究，掺在白米中的果品较多，如红枣、莲子、核桃、栗子、杏仁、松仁、桂圆、榛子、葡萄干、白果、菱角、青丝、玫瑰、红豆、花生等，总计不下20种。

人们在腊月初七的晚上，就开始忙碌起来，洗米、泡果、剥皮、去核、精拣，然后在半夜时分开始煮，再用微火炖，一直炖至第二天的清晨，腊八粥才算熬好了。更为讲究的人家，还要先将果子雕刻成人形、动物、花状，再放在锅中煮。

其中比较有特色的就是在腊八粥中放上果狮。果狮是用几种果子做成的狮形物，用剔去枣核烤干的脆枣作为狮身，半个核桃仁作为狮头，桃仁作为狮脚，甜杏仁作为狮子尾巴。然后用糖粘在一起，放在粥碗里，活像一只小狮子。如果碗较大，可以摆上双狮或是四只小狮子。

更讲究的，就是用枣泥、豆沙、山药、山楂糕等具备各种颜色的食物，捏成八仙人、老寿星、罗汉像。这种装饰的腊八粥，只有在大寺庙的供桌上才可以见到。

腊八粥的主要原料为谷类，具有一定的养生价值。常用的谷类有粳米、糯米和薏米。粳米含蛋白质、脂肪、碳水化合物、钙、磷、铁等成分，具有补中益气、养脾胃、和五脏、除烦止渴、益精等功用。

糯米具有温脾益气的作用，适于脾胃功能低下者食用，对于虚寒泄痢、虚烦口渴、小便不利等有一定的辅助治疗作用。

中医认为薏米具有健脾、补肺、清热、渗湿的功效，经常食用对慢性肠炎、消化不良等症也有良效。富含膳食纤维的薏米有预防高血脂、高血压、中风及心血管疾病的功效。

豆类是腊八粥的配料，常用的有黄豆、赤小豆。黄豆含蛋白质、脂肪、碳水化合物、食物纤维、钙、磷、铁、胡萝卜素、维生素B1、维生素B2、维生素B3等，营养十分丰富，并且具有降低血中胆固醇、预防心

八仙 民间广为流传的道教中的八位神仙。"八仙"之名，明代以前众说不一，有汉代的八仙、唐代的八仙、宋元时的八仙，所列神仙各不相同。至明代吴元泰在《八仙出处东游记》（即《东游记》）中把八仙定为铁拐李、汉钟离、张果老、蓝采和、何仙姑、吕洞宾、韩湘子和曹国舅。

■ 健脾的薏米

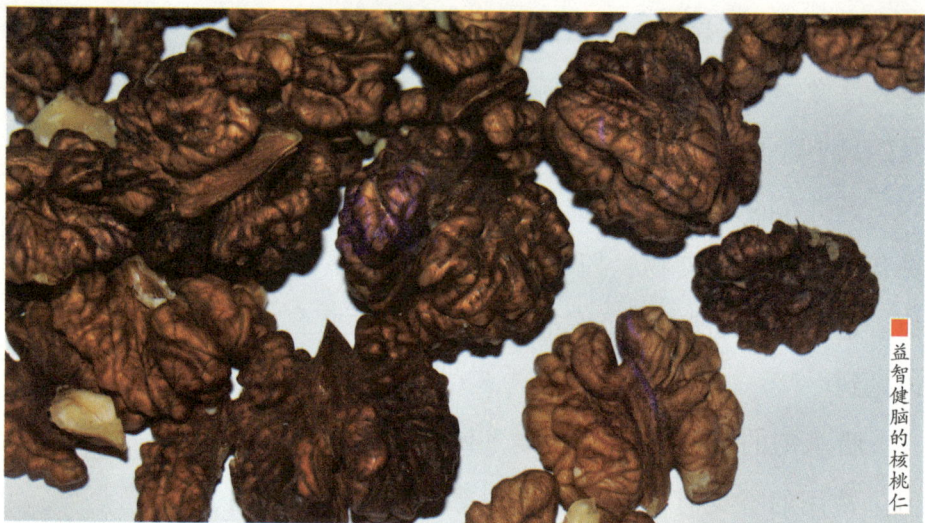

益智健脑的核桃仁

血管疾病、抑制多种恶性肿瘤、预防骨质疏松等多种保健功能。

红小豆含蛋白质、脂肪、碳水化合物、食物纤维、钙、磷、铁、维生素B1、维生素B2、维生素B3等，中医认为本品具有健脾燥湿、利水消肿之功，对于脾虚腹泻以及水肿有一定的辅助治疗作用。

不可小看腊八粥中果仁的食疗作用，花生和核桃是不可缺少的原料。花生有"长生果"的美称，具有润肺、和胃、止咳、利尿、下乳等多种功能。

核桃仁具有补肾纳气、益智健脑、强筋壮骨的作用，还能够增进食欲、乌须生发，核桃仁中所含的维生素E更是医药学界公认的抗衰老药物。

如果在腊八粥内再加上羊肉、狗肉、鸡肉等，就更使腊八粥营养滋补价值倍增。对于高血压患者，不妨在粥里加点白萝卜、芹菜，对于经常失眠的患者，如果在粥里加点儿龙眼肉、酸枣仁，将会起到很好的养心安神的作用。何首乌、枸杞子具有延年益寿的作用，对血脂也有辅助的调节作用，是老年人的食疗佳品。

燕麦具有降低血中胆固醇浓度的作用，食用燕麦可减慢血糖值的上升，在碳水化合物食品中添加燕麦后可抑制血糖值上升，因此对于糖尿病以及糖尿病合并心血管疾病的患者，不妨在粥里放点儿燕麦。

大枣也是一种益气养血、健脾的食疗佳品，对脾胃虚弱、血虚萎黄和肺虚咳嗽等症有一定疗效。

关于腊八粥的配方，在《鸡肋篇》中的记载是：

宁州腊月初八，人家竞做白粥，于上以林栗之类，染以众色，为花鸟象，更相送遗。

宋朝吴自牧撰《梦粱录》卷六记载：

此月八日，寺院谓之腊八。大刹等寺俱设五味粥，名曰"腊八粥"。

此时，腊八煮粥已经成为民间食俗，不过，当时帝王还以此来笼络众臣。元代孙国敕作《燕都游览志》记载："十二月八日，赐百官粥，以米果杂成之。品多者为胜，此盖循宋时故事。"

《永乐大典》记述："是月八日，禅家谓之腊八日，煮经糟粥以供佛饭僧。"每逢十二月初八，开封各大寺院都要送七宝

中医 指我国传统医学，是研究人体生理、病理以及疾病的诊断和防治等的一门学科。它承载着我国古代人民同疾病做斗争的经验和理论知识，是在古代朴素的唯物论和自发的辩证法思想指导下，通过长期医疗实践逐步形成并发展成的医学理论体系。

■ 降胆固醇的燕麦

永樂大典

六模

七十

之二千二百七十八

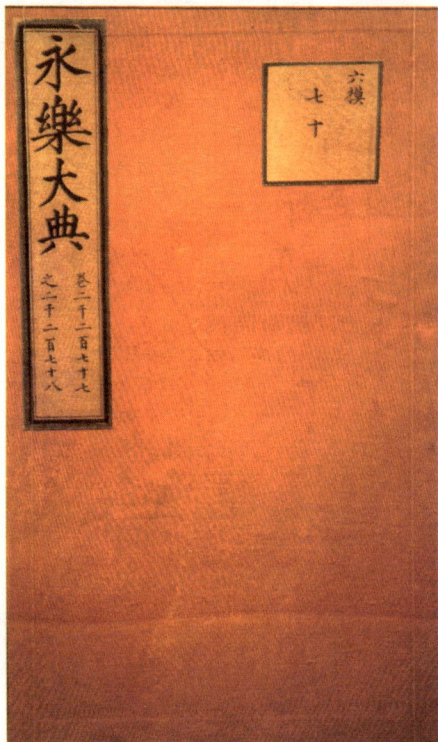

■ 古籍《永乐大典》

五味粥，即腊八粥。

孟元老的《东京梦华录》记载，十二月初八，各个寺院送七宝五味粥让门徒斗饮，称之为腊八粥，又称"佛粥"。

宋代大诗人陆游诗中说："今朝佛粥更相馈，更觉江村节物新。"说的也是腊八送粥之事。南宋文人周密撰《武林旧事》说："用胡桃、松子、乳蕈、柿、栗之类作粥，谓之'腊八粥'。"

1725年，清世宗将北京安定门内国子监以东的府邸改为雍和宫，每逢腊八日，在宫内万福阁等处，用锅煮腊八粥并请来喇嘛僧人诵经，然后将粥分给各王公大臣，品尝食用以度节日。《光绪顺天府志》云：

每岁腊月八日，雍和宫熬粥，定制，派大臣监视，盖供上膳焉。

腊八粥熬好之后，要先敬神祭祖。之后要赠送亲友，一定要在中午之前送出，最后才是全家人食用。吃剩的腊八粥保存着，吃了几天还有剩下来的，则是好兆头，取其"年年有余"的意义。如果把粥送给穷苦的人吃，那更是为自己积德。

腊八粥在民间还有巫术的作用。假如院子里种着花卉和果树，也要在枝干上涂抹一些腊八粥，希望来年多结果实。

泡腊八蒜是北方尤其是华北地区的一个习俗。顾名思义，就是在腊月初八的这天来泡制蒜。其实材料非常简单，就是醋和大蒜瓣儿。

做法也是极其简单，先将剥了皮的蒜瓣儿放到一个可以密封的罐子或者瓶子之类的容器里面，然后往里面倒入醋，封上口放到一个冷的地方。慢慢地，泡在醋中的蒜就会变绿，最后会变得通体碧绿，如同翡翠碧玉。

按照当地的说法，腊八蒜的蒜字，和"算"字同音，各家商号要在这天拢账，把这一年的收支算出来，可以看出盈亏，其中包括外欠和外债，都要在这天算清楚，"腊八算"就是这么回事。腊八这天要债的债主，要到欠他钱的人家送信儿，该准备还钱。北京城有句民谚：

腊八粥，腊八蒜，放账的送信儿，欠债的还钱。

后来有欠人家钱的，用蒜代替"算"字，以示忌讳，回避这个算账的"算"字，其实欠人家的，终究是要还的。老北京临年关，街巷胡同有卖辣菜的，可没有卖腊八蒜的。

■ 古籍中的大蒜图

腊八蒜

这是为什么呢？您想啊，卖腊八蒜得吆喝吧，怎么吆喝？直接喊"腊八蒜嘞"，欠债人听见吆喝心里咯噔一下，怎么街上还有人喊着催债呀！

再说了，你一个做小买卖的跟谁算哪！人家不跟你算就不错了，所以腊八蒜不能下街吆喝，都是一家一户自己动手泡腊八蒜，自己先给自己算算，今年这个年怎么过。

泡腊八蒜得用紫皮蒜和米醋，将蒜瓣去老皮，浸入米醋中，装入小坛封严，至除夕启封，那蒜瓣湛青翠绿，蒜把辣醋酸香溶在一起，扑鼻而来，是吃饺子的最佳佐料，拌凉菜也可以用，味道独特。

腊八豆腐是安徽黔县民间风味特产，在春节前夕的腊八前后，黔县家家户户都要晒制豆腐，民间将这种自然晒制的豆腐称作腊八豆腐。

北方一些不产或少产大米的地方，人们不吃腊八粥，而是吃腊八面。腊八的头一天用各种果、蔬做成臊子，把面条擀好，到腊八的早晨全家吃腊八面。

阅读链接

为什么在泡腊八蒜的时候要用紫皮蒜和米醋呢？这在民间是有一定说法的。紫皮蒜瓣小泡得透，蒜瓣硬崩瓷实，泡出的蒜脆香。

米醋色淡，泡过蒜色泽如初，橙黄翠绿，口感酸辣适中，香气浓而微甜。用老醋、熏醋泡过的蒜色泽发黑，蒜瓣不够绿，口感较差，尤其熏醋，略带糊味，也许这正是它的特色。

具有浓厚地域特色的腊八粥

腊八粥又叫"七宝粥""五味粥"。最早的腊八粥是用红小豆来煮，后经演变，加之地方特色，逐渐丰富多彩起来。

清人富察敦崇在《燕京岁时记》中记载颇有京城特色的腊八粥：

腊八粥者，用黄米、白米、江米、小米、菱角米、栗子、红江豆、去皮枣泥等，合水煮熟，外用染红桃仁、杏仁、瓜子、花生、榛穰、松子及白糖、红糖、琐琐葡萄，以作点染。切不可用莲子、扁豆、桂圆，用则伤味。

天津腊八粥要加入龙眼

■ 煮好的腊八粥

每至腊七，则剥果涤器，技夜经营，至天明时则粥熟矣。除祀先供佛外，分馈亲友，不得过午。并用红枣、桃仁等制成狮子、小儿等类，以见巧思。

天津人煮腊八粥，同北京近似，讲究些的还要加莲子、百合、珍珠米、薏仁米、大麦仁、黏秫米、黏黄米、芸豆、绿豆、桂圆肉、龙眼肉、白果、红枣及糖水桂花等，色、香、味俱佳。

后来还有加入黑米的。这种腊八粥可供食疗，有健脾、开胃、补气、安神、清心、养血等功效。

山西的腊八粥，别称八宝粥，以小米为主，附加以豇豆、小豆、绿豆、小枣，还有黏黄米、大米、江米等煮之。晋东南地区，腊月初五即用小豆、豇豆、红薯、花生、糯米、柿饼，合水煮粥，又叫甜饭，亦是食俗之一。

陕北高原在腊八之日，熬粥除了用多种米、豆之外，还得加入各种干果、豆腐和肉混合煮成。通常是早晨就煮，或甜或咸，按人口味自选酌定。

倘是午间吃，还要在粥内煮上些面条，全家人团聚共餐。吃完以后，还要将粥抹在门上、灶台上及门外树上，以驱灾辟邪，迎接来年的农业大丰收。

民间相传，腊八这天忌吃菜，说吃了菜庄稼地里杂草多。

关中地区的群众，都十分重视"腊八节"。但又各有不同的讲究。富平县的农家，这一天喜欢酿酒，名为"腊脚"；长安县的古风俗，这一天要煮肉糜，抛撒在花木之上，谓之"不歇枝"；乾县、礼泉一带，讲究腊八节要给老人送粥，女方家要请新女婿吃粥；凤翔一带则是用黄米和八种豆子，加上油盐做一顿腊八焖饭；铜川地区的农村，在这天还流传着为幼男幼女剃头理发的习惯。

陕南人的腊八节要吃杂合粥，分"五味"和"八味"两种。前者用粳米、糯米、花生、白果、豆子煮成。后者用上述五种原料外加大肉丁、豆腐、萝卜，另外还要加调味品。腊八这天人们除了吃腊八粥，还得用粥供奉祖先和粮仓。

甘肃人传统上煮腊八粥用五谷、蔬菜，煮熟后除家人吃，还分送给邻里，

029

源于祭祀

腊八节

■ 山西腊八粥的独特配料柿饼

■ 灶神 即灶王爷，也称灶王、灶君、灶公灶母等，是我国古代神话传说中的司饮食之神。秦、汉以前更被列为主要的五祀之一，和门神、井神、厕神和中溜神五位神灵共同负责一家人的平安。灶神之所以受人敬重，除了因掌管人们饮食，赐予生活上的便利外，还因为灶神是玉皇大帝派遣到人间考察一家善恶之职的官。

还要用来喂家畜。在兰州、白银等城市地区，腊八粥煮得很讲究，用大米、豆、红枣、白果、莲子、葡萄干、杏干、瓜干、核桃仁、青红丝、白糖、肉丁等煮成。煮熟后先用来敬门神、灶神、土神、财神，祈求来年风调雨顺，五谷丰登。

然后再分给亲邻，最后一家人享用。甘肃武威地区讲究过"素腊八"，吃大米稠饭、扁豆饭或者稠饭，煮熟后配炸散子、麻花同吃，民俗叫它"扁豆粥泡散"。

宁夏人做腊八饭一般用扁豆、黄豆、红小豆、蚕豆、黑豆、大米、土豆煮粥，再加上用麦面或荞麦面切成菱形柳叶片的"麦穗子"，或者是做成小圆蛋的"雀儿头"，出锅之前再放入葱花油。这天全家人只吃腊八饭，不吃菜。

青海的西宁人，虽然汉族人居多，但是在腊八节不吃粥，而是吃麦仁饭。将新碾的麦仁与牛羊肉同煮，加上青盐、姜皮、花椒、草果、茴香等佐料，经一夜文火煮熬，肉、麦交融成乳糜状，清晨揭锅，异香扑鼻，食之可口。

门神 旧时农历新年贴于门上的一种画。门神是道教和民间共同信仰的守卫门户的神灵，旧时人们都将其神像贴于门上，用以驱邪辟鬼，卫家宅，保平安，助功利，降吉祥等，是民间最受人们欢迎的保护神之一。

山东的"孔府食制"中，规定腊八粥分两种，一种是用薏米仁、桂圆、莲子、百合、栗子、红枣、粳米等熬成的，盛入碗里还要加些"粥果"，主要是雕刻成各种形状的水果，是为点缀。这种粥专供孔府主人及12府主人食用。另一种是粳米、肉片、白菜、豆腐等煮成的，是给在孔府里当差的喝的。

河南人吃的腊八饭，是小米、绿豆、豇豆、麦仁、花生、红枣、玉米等8种原料配合煮成，熟后加些红糖、核桃仁，粥稠味香，寓意来年五谷丰登。

江苏地区吃腊八粥分甜、咸两种，但煮法一样，只是咸粥是加青菜和油。苏州人煮腊八粥要放入慈姑、荸荠、核桃仁、松子仁、芡实、红枣、栗子、木耳、青菜、金针菇等。清代苏州文人李福曾有诗道：

腊月八日粥，传自梵王国。

七宝美调和，五味香掺入。

腊八粥原料

浙江人煮腊八粥一般都用核桃仁、松子仁、芡实、莲子、红枣、桂圆肉、荔枝肉等，香甜味美，食之以祈求长命百岁。据说，这种煮粥方法是从南京流传过来的，其中包括若干传说。

四川地大人多，腊八粥做法五花八门，甜咸麻辣，而农村人吃咸味的比较多，主要是用黄豆、花生、肉丁、白萝卜、胡萝卜熬成的。异乡人来此品尝，虽入乡随俗，但很难习惯，堪称风味各异。腊八与粥可谓密切相关，而粥喝在腊八，也算是喝出了水平。

从营养功效看，腊八粥具有健脾、开胃、补气、安神、清心、养血等功效，并有御寒作用，是冬令的滋补佳品，故能传承百代而不衰。

还有一些地方过腊八煮粥，不称"腊八粥"，而叫作煮"五豆"，有的在腊八当天煮，有的在腊月初五就煮了，还要用面捏些"雀儿头"，和米、豆同煮。

据说，腊八人们吃了"雀儿头"，麻雀来年不危害庄稼。煮的这种"五豆"，除了自食外，也赠亲邻。每天吃饭时弄热搭配食用，一直吃到腊月二十三，象征连年有余。

阅读链接

腊八节是我国民间重要的传统节日，在清代，朝廷在腊八节的这天有赐粥的风俗。

清道光皇帝曾作诗《腊八粥》："一阳初夏中大吕，谷粟为粥和豆煮。应时献佛矢心虔，默祝金光济众普。盈几馨香细细浮，堆盘果蔬纷纷聚。共尝佳品达沙门，沙门色相传莲炬。童稚饱腹庆州平，还向街头击腊鼓。"

可以想见，施散腊八粥和皇家食用腊八粥，必然是人头攒动、人涌如潮。

上巳节

　　上巳节是我国汉族古老的一个传统节日,俗称三月三,该节日在汉代以前定为三月上旬的巳日,后来固定在农历三月初三,自此,农历的三月初三成为上巳日。

　　这天,人们把荠菜花铺在灶上以及坐、睡之处,认为可除蚂蚁等虫害,把荠菜花、桐花藏在毛衣、羽衣内,认为衣服可以不蛀,妇女把荠菜花戴在头上,认为可以不犯头痛病,晚上睡得香甜。

　　城乡人民还通过登惠山、鸿山、斗山、西高山踏青等活动来庆祝上巳节。

节日起源及隋炀帝水饰流觞

那是在遥远的上古时期，中华民族的人文始祖伏羲根据天地万物的变化，发明创造了八卦，创造了文字，结束了"结绳记事"的历史。

他又结绳为网，用来捕鸟打猎，并教会了人们渔猎的方法，发明了瑟，创作了曲子。

后来，伏羲和妹妹女娲团土造人，繁衍后代，我国的豫东一带一直将伏羲尊称为"人祖爷"，人们

■ 伏羲　是三皇之首。他和女娲同是中华民族的人文始祖，他受到了中华儿女的称赞和敬仰。他根据天地万物的变化，发明创造了八卦，这是我国最早的计数文字，是我国古文字的发端，从此结束了"结绳记事"的历史。伏羲后来被中国神话描绘为"人首龙身"，被奉为中华文明的人文始祖。

■ 真武大帝 全称北方真武玄天上帝，又有玄天、玄天上帝、武大帝、北极大帝、北极佑圣真君、开天大帝、元武神等称，俗称上帝公、上帝爷或帝爷公。真武大帝为统理北方、统领所有水族的道教民间神祇，又称黑帝。我国北方在宋、元开始陆续修建真武庙，其中武当山、南京、杭州等地区大规模地修筑真武庙，寓意深刻。

还在伏羲建都的淮阳建起太昊陵古庙，农历二月初二至三月初三为太昊陵庙会，善男信女都云集陵区，朝拜人祖。

农历三月初三，还是传说中王母娘娘开蟠桃会的日子。有一首《北京竹枝词》是这样描述蟠桃宫庙会盛况的：

三月初三春正长，蟠桃宫里看烧香。
沿河一带风微起，十丈红尘匝地扬。

传说西王母原是我国西部一个原始部落的保护神。她有两个法宝，一是吃了可以长生不老的仙丹，二是吃了能延年益寿的仙桃，也就是蟠桃。

神话传说中的嫦娥，就是偷吃了丈夫后羿弄来的西王母仙丹后飞上月宫的。此后，在一些志怪小说中，又把西王母说成是一位福寿之神。

农历三月初三，也是道教真武大帝的寿诞。真武大帝生于上古轩辕之世，农历三月初三，是道教中主管军事与战争的正神。

各地的道教宫观，在三月初三这天都要举行盛大的法会，道教

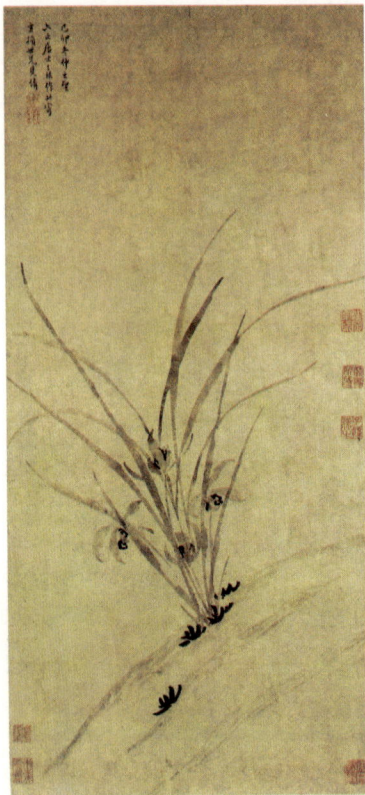

■ 被称为"灵物"
的兰草图

信徒们也会在这天到宫观庙宇中烧香祈福，或在家里诵经祈祷。

"真武山太上真武碑记"对真武大帝的来历和国内主要的真武道场以及真武"救军旅之祸"的"仁人之心"都做了简明而艺术的阐释，说明了人们在三月初三纪念真武大帝的来由和意义。

也有相关记载认为，上巳节起源于兰汤辟邪的巫术活动，在这项活动中，兰草被用作灵物。

兰草有香气袭人的特点，古人在举行重大祭神仪式前，先期进行斋戒，其中包括采用当时最好的沐浴方式，即兰汤沐浴，这在《楚辞》中有生动的描写。

祭神必斋戒，斋戒必沐浴，沐浴用兰汤，于是兰汤、兰草便与神灵有了联系。当兰汤沐浴成为一种辟邪法术时，这种沐浴活动就必须由专职的女巫进行组织和领导。三月上巳日到河边洗除邪秽的"祓禊"风俗，从起源上看正与兰汤辟邪术密切相关。

由《诗经·郑风·溱洧》的描写可以看到，春秋时期郑国的祓禊活动最为典型，每到三月上巳日这天，郑国男女倾城而出，来到溱水、洧水之滨，手执兰草洗濯身体，祓除不祥。同一时期，其他地区也有河滨祓禊的风俗。

总之，早期的河滨祓禊礼俗与兰汤辟邪术属于同一巫术体系，因其皆是以兰草可辟不祥的观念为基础的，区别仅在于兰汤沐浴是个人行为，多在室内，并可随时进行，被禊则是集体活动，必在河滨，要定时举行。

古时以三月第一个巳日为"上巳"，"巳"属于地支中的第六位。过去纪年纪月纪日用六十花甲，即以天干"甲乙丙丁戊己庚辛壬癸"10个字与地支"子丑寅卯辰巳午未申酉戌亥"12个字轮番搭配，以数学组合方式组成60个组合形式来纪日纪年。

据《太平广记》记载，每年的三月上巳日，隋炀帝都要会群臣于曲水池滨，饮宴以观水饰。

所谓"水饰"就是指用木头雕刻而成的各种雕像，以历史上著名的河水神异故事为题材。比如神龟负八卦出河以授伏羲，黄龙负图出河以授黄帝，丹甲灵龟衔书出洛水以授苍颉，凤凰负图，赤龙载图出河并授尧，龙马衔甲文出河授舜等。

舜与百工群聚而歌，有人面鱼身且雪白而细之神鱼从水中跃出，捧河图授禹，其后盘旋舞蹈入河。禹治水，应龙以尾画地，凿龙门。禹过江，黄龙负舟，玄夷苍水使者授禹《山海经》。周始祖姜嫄于河滨履大人迹，弃后稷于寒冰之上，群鸟用羽翼护而暖之。

周武王渡河，赤文白鱼跃入王舟。穆天子觞西王母于瑶池之上，秦始皇入海见

■ 干支八卦图

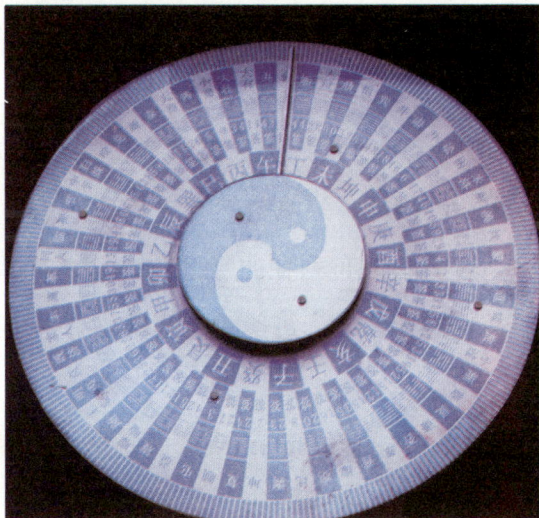

水饰木雕

海神巨鱼，汉武帝泛楼船于昆明池，屈原自沉汨罗水，孔子春日浴于沂，周处斩蛟，女子秋胡妻赴水，许由洗耳，庄惠观鱼，巨灵开山，长鲸吞舟等，总七十二势，构成一个连环画系列，是我国古代水文化的精华。

皆刻木为之。或乘舟，或乘山，或乘平洲，或乘盘石，或乘宫殿。

其人物长2尺以上，衣装齐整，栩栩如生，而杂以禽兽鱼虫之类，皆可运动自如，逼真自然。

这些水饰布列在曲江池内，随水而周行，中间伴以伎船12艘。伎船长1丈，阔6尺，每条船上都排放有一个雕刻人物组成的乐舞分队：

木人奏音声，击磬、撞钟、弹筝鼓瑟，皆得成曲。及为百戏，跳剑舞轮、升竿掷绳，皆如生无异。

伎船与水饰皆装扮得富丽堂皇，放在曲池的岸边，可以环池自动依次而行，其本身又变幻多端，奇异出于言表，而这些都是以特殊的水力机械进行推动的。

隋炀帝君臣团坐在曲池周围，除了观赏优美奇妙的水饰和聆听伎船的悦耳音乐外，还有爽口的美酒由机械木人送来，供其口腹之欲，这就从各种感官上让赏玩者达到了生理的享受与心理的满足。

坐长8尺的小舸子船7艘，周环其池，向观赏者敬酒。船上有小木人5个，各长2尺，一人立于船头端着酒杯，一人立其旁捧着盛酒之钵，一人在船后撑船掌握方向，两个人在中央摇动双桨。

侍宴宾客落座于曲池回曲之处，行酒小船循岸而行，行速超过水饰，一般是水饰绕池一周，酒船要绕池正好3周，即酒船速度3倍于水饰，敬酒三巡，而且同时停止，不差分毫。

酒船到了座客之处即自行停住，擎酒木人于船头伸手把酒杯敬送给客人，宾客取酒一饮而尽，然后把

■ 隋炀帝游运河之浮雕

■古代酒器

酒杯交还给木人。

木人接杯后，转身向持酒钵之人要来酒勺，用勺子从钵中打酒，重新斟满酒杯，并把勺子交还。其后小船按程序自动前进，每到坐有宾客之回曲处，皆如前法敬酒、斟酒。这些都是在曲池岸边或水中船上安有机关才能达到的神奇境界。

这种环绕曲池，边饮自来之酒，边欣赏水中雕刻，享受机械人乐舞的曲水流觞的神奇工程是由黄衮设计和制造出来的。

隋炀帝对此特别感兴趣，欣赏之余仍不忘命学士杜宝撰《水饰图经》，用文字把水饰故事描绘出来，命画工把各种水饰图示出来，以留存于世。

后来，"曲水流觞"就逐渐发展成为上巳节的一种饮酒风俗。

阅读链接

相传，农历三月初三是江西省宜丰县潭山龙岗邹氏发祖公的诞生日，要唱戏三天，以示祭祖。

每年的农历三月初三，潭山镇一带都要举行传统三月三物资交流大会，当地方言称为牛嘘，每次物资大会都会有土特产、种子、耕牛、花卉、书画、娱乐等七大交易市场。

三月三物资交流大会起源于清朝初期潭山镇龙岗村，已经有300多年的历史。当时邹氏村民为了方便十里八乡的乡民，在每年农历三月初三都会举行以土特产、种子、耕牛为主的物资交易。几百年来，参加交流的商品随着时代的变迁而丰富多样。

上巳节在唐代的多样风俗

关于"上巳节"最早的记载，出现在汉初的文献中。《周礼》郑玄注：

岁时祓除，如今三月上巳，如水上之类。

据记载，春秋时期上巳节已经开始流行了。因为农历三月上旬的巳日每年都是不同的，所以到魏晋时便以固定的三月初三来代替上旬巳日。旧俗以此日临水沐浴以祓除不祥，所以也名为修禊，到后来逐渐演变成一个到水边饮宴、郊游踏青的节日。

过去，在这天，满朝的文武百官都是有集体休假的规定的，

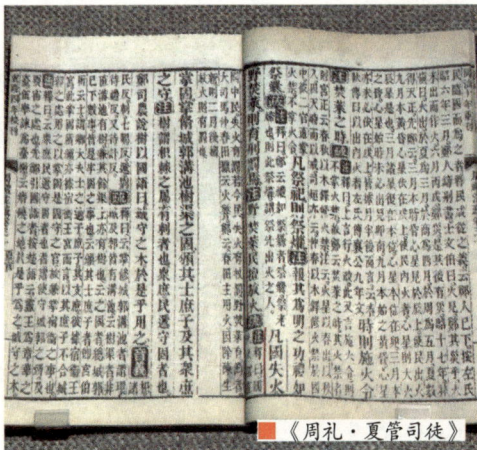

《周礼·夏官司徒》

《秋千图》

古老的佳节

皇帝经常会利用这个日子来宴请新科进士，而普通百姓和官员则会到野外郊游和踏青。

青年男女在这天得到了彻底解放，可以不受礼教约束，行我所行，爱我所爱，自由交往。在郊外水滨荡秋千，放风筝，观风景，青年男女对歌抒怀，各行其乐。

到了唐代，这种风气还一直流传着，甚至连皇家戒备森严的宫廷也敞开了大门，让嫔妃宫女到郊外欢度一日。

唐代人对上巳节非常重视，将其与晦日、重阳节并称为三节令，皇帝赐钱百僚，让他们选胜观赏，进行宴乐。这更促进了上巳日节俗活动的发展，每至此日，长安的百姓们就纷纷走出家门，涌向水边草地，修禊以外尽情地游赏。

唐代诗人殷尧藩在《上巳日赠都上人》一诗中就写出了这种热闹的景象：

刘驾　唐代诗人。与曹邺为诗友，俱以工于五古著称，时称"曹刘"。其诗敢于抨击统治阶级的腐化昏庸，能够反映民间疾苦。辛文房称其"诗多比兴含蓄，体无定规，兴尽即止，为时所宗"。《全唐诗》录存其诗68首，编为一卷。

三月初三日，千家与万家。
蝶飞秦地草，莺入汉宫花。
鞍马皆争丽，笙歌尽斗奢。

唐代诗人唐彦谦的《上巳寄韩八》也说：

上巳接寒食，莺花寥落晨。

微微泼火雨，草草踏青人。

据记载，唐都长安上巳节节俗活动的内容丰富多彩，修禊和流觞是其独有的活动，此外，还有踏青、赏花、插花、泛舟、歌舞等多种节目，上巳日也成为春季节日庆典的高潮。

景色艳丽、面积广大的曲江风景区是长安上巳节俗活动的中心舞台。三月三这天，皇帝亲幸芙蓉园，并赐宴百官曲江亭上或曲池彩舟之中，太常、教坊乐舞也来助兴，都人蜂拥而至，倾动皇州，以为盛观。唐代诗人刘驾的《上巳日》一诗描述了曲江上巳日的热闹景象：

上巳曲江滨，喧于市朝路。

相寻不见者，此地皆相遇。

日光去此远，翠幕张如雾。

何事欢娱中，易觉春城暮。

物情重此节，不是爱芳树。

明日花更多，何人肯回顾。

《仕女赏花图》

其后的日子虽然可能花更鲜艳，景更亮丽，但是只有上巳节这天是最受重视的日子，大家齐聚曲江水滨，彩幕连绵，欢娱尽日。

这充分显示出节俗文化的魅力，即一旦形成一种习俗，就会产生一个全民趋同

国画《风筝图》

的心理，使这天的活动有了神圣的意义，令人欲罢不能。

唐代诗人许棠在《曲江三月三日》诗中也表达了相同的意思：

满园赏芳辰，飞蹄复走轮。

好花皆折尽，明日恐无春。

鸟避连云幰，鱼惊远浪尘。

如何当此节，独自作愁人。

修禊和流饮是上巳节习俗中最为独特的两个习俗。修禊是指在上巳日赴水滨的沐浴活动。周时已有此俗，《周礼·春官·女巫》记载：

女巫掌岁时袚除衅浴。

东汉末年的经学大师郑玄解释说：

> 岁时祓除，如今三月上巳，如水上之类。衅浴谓以香
> 薰草药沐浴之。

也就是说在三月上巳日这天要来到水边祭祀，并用浸泡了香草的水沐浴，这样就可以祓除疾病和不祥。史书上称这种礼仪为"禊"或"修禊""祓禊"。

唐时，赐宴曲江，倾城于此禊饮，象征性地用清水洗涤沐浴后，以春气除却冬日的积垢，并戏水嬉游，饮宴赏春取乐。

其修禊的礼仪色彩相对减弱，享受生活的宴饮与春游活动却成为最重要的内容，说明唐代节日习俗基本完成了由娱神向娱人的升华。

流觞是指上巳节进行的一种饮酒习俗，常称"曲水流觞"。曲江是唐都长安的公共园林，不仅皇帝、百官、进士们可以来此游宴，而且向全体百姓开放，尤其是长安的春时节日很多，在晦日或中和节与上巳节，君臣万民同游，一派繁华景象。

《辇下岁时记》记载：

《沐浴图》

> 开元中，都人赏于曲
> 江，莫盛于中和、上巳节。

曲江饮宴有大型宴会，比如中和节、上巳节的皇家赐宴百

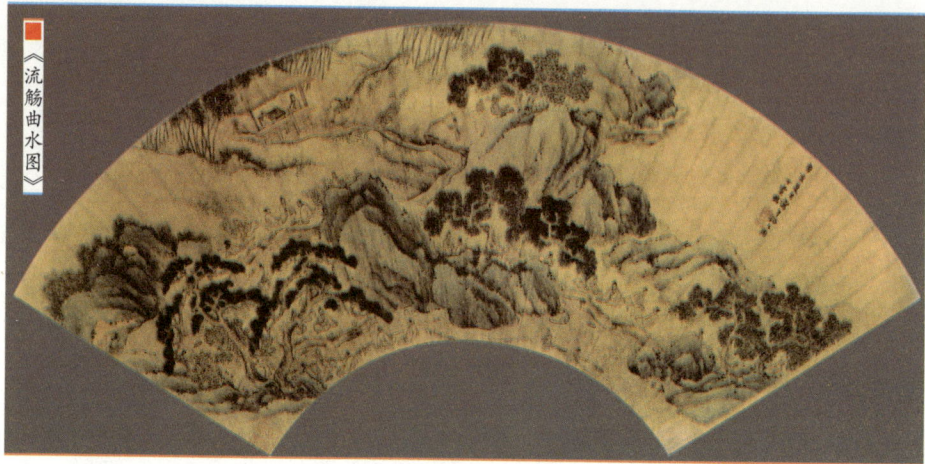

《流觞曲水图》

官，也有中等规模的，比如进士们的文酒会、相知仕女或公子们的探春宴等，在胡人经营的小酒馆、赏春的亭子间、游荡的船舫上、临时搭建的帐篷内，甚至草地花丛中都可随时举办。

《开元天宝遗事》载：

> 长安贵家子弟，每至春时，游宴供帐于园圃中，随行载以油幕，或遇阴雨，以幕覆之，尽欢而归。

在上巳节活动中，祭祀高禖也是最主要的活动，高禖又称郊禖，是管理婚姻和生育之神，因供于郊外而得名。禖同媒，禖又来自腜。最初的高禖，属女性，而且是成年女性，具有孕育状。

事实上，远古时期一些裸体的妇女像有着非常发达的大腿和胸部，还有一个向前突出的肚子，在汉代画像石中就有高禖神形象，还与婴儿连在一起。

辽宁红山文化遗址的女神陶像，就是生育之神。后来高禖有了很大的变化，如河南淮阳人祖庙供奉的伏羲，就是父权制下的高禖神。

起初上巳节是一个巫教活动，通过祭高禖、祓禊和会男女等活动，除灾避邪，祈求生育。从这种意义上说，上巳节又是一个求偶节、求育节。

汉代以后，上巳节虽然仍旧是全民求子的宗教节日，并传说农历三月初三是西王母的生日，但已经是贵族炫耀财富和游春娱乐的盛会。

在上巳节中还有临水浮卵、水上浮枣和曲水流觞三种活动。在上述三种水上活动中，以临水浮卵最为古老，它是将煮熟的鸡蛋放在河水中，任其浮移，谁拾到谁食之。水上浮枣和曲水流觞则是由临水浮卵演变来的。

不过，这是一种比较文明的孕育巫术。曲水流觞和临水饮宴则是这种巫术的演变，后来逐渐成为文人雅士中盛行的一种娱乐活动。

古时，每到上巳节这天，无论是平民百姓，还是帝王嫔妃、公卿大臣，都要到江河池沼之滨洗濯沐

祭祀　是华夏礼典的一部分，更是儒教礼仪中最重要的部分，礼有五经，莫重于祭，是以事神致福。祭祀对象分为三类：天神，地祇，人鬼。天神称祀，地祇称祭，宗庙称享。祭祀的法则详细记载于儒教经典《周礼》《礼记》中，并有《礼记正义》《大学衍义补》等书进行解释。

■《雅聚图》

浴，以求消灾祛病、祈福求祉、祓除不祥。

关于这一习俗的起源，《宋书》有如下说法：

> 旧说，后汉郭虞者，有三女，以三月上辰产二女，上巳
> 产一女，二日之中而三女并亡。俗以为大忌，至此月此日不
> 敢止家，皆如东流水上为祈禳自洁濯，谓之禊祠。

其实，这只是民间的演绎，不足为信。早在先秦时代，通过沐浴洗濯而以祈达到消灾祛病目的的风俗就已相当盛行，而在周朝时，在规定的时间里行"祓除衅浴"之礼已成为一种制度，并有专门的女巫掌管此事。

到了魏晋时代，上巳节逐渐演化为皇室贵族、公卿大臣、文人雅士们临水宴饮的节日，并由此而派生出上巳节的另外一项重要习俗，即曲水流觞。

■曲水流觞图

众人坐于环曲的水边，把盛着酒的觞置于流水之上，任其顺流漂下，停在谁面前，谁就要将杯中酒一饮而下，并赋诗一首，否则罚酒三杯。

魏明帝曾专门建了一个流杯亭，东晋海西公也在建康钟山立流杯曲水。梁刘孝绰的诗《三日侍华光殿曲水宴》写道：

羽觞环阶转，清澜傍席疏。

历史上最著名的一次曲水流觞活动要算王羲之同其友在会稽举行的兰亭之会了。353年的三月初三上巳日这天，晋代有名的大书法家、会稽内史王羲之偕亲朋谢安、孙绰等42人，在兰亭修禊后，举行饮酒赋诗的曲水流觞活动，引为千古佳话。这一儒风雅俗，一直留传下来。

当时，王羲之等在举行修禊祭祀仪式后，在兰亭清溪两旁席地而坐，将盛了酒的觞放在溪中，由上游浮水徐徐而下，经过弯弯曲曲的

觥 盛酒器。流行于商晚期至西周早期。椭圆形或方形器身，圈足或四足。带盖，盖做成有角的兽头或长鼻上卷的象头状。有的觥全器做成动物状，头、背为盖，身为腹，四腿做足。然觥与兽形尊不同，觥盖做成兽首连接兽背脊的形状，觥的流部为兽形的颈部，可用作倾酒。

黎族 我国岭南少数民族之一，黎族源于古代百越的一支。西汉曾以"骆越"，东汉以"里""蛮"，隋唐以"俚""僚"等名称泛称我国南方一些少数民族。

■《兰亭修禊图》

溪流，觞在谁的面前打转或停下，谁就即兴赋诗并饮酒。

据史载，在这次游戏中，有11人各成诗两篇，15人各成诗一篇，16人作不出诗，各罚酒三觥。

王羲之将大家的诗集起来，用蚕茧纸，以鼠须笔挥毫作序，乘兴而书，写了举世闻名的《兰亭集序》，被后人誉为"天下第一行书"，王羲之也因此被人尊为"书圣"。

在上巳节中还有一种非常奇特的风俗，即"会男女"。这种风俗由来已久，最初来自氏族时期的季节性婚配，后来也有残存，如广西左江崖画、成都汉墓画像砖上都有相关的图案，后来的记载也多见此俗。

在我国少数民族地区有不少会男女的风俗，如黎族的三月三、苗族的爬坡、布依族的抛绣球等。踏青也是此类遗风。

江苏武进地区在三月初三游南山，民谣道：

三月三，穿件单布衫，大蒜炒马兰，吃了游南山。

自道教在我国兴起之后，人们普遍认为农历的三

月初三是西王母的蟠桃会之日。拜西王母在我国普遍盛行，但其他地方也有祭其他神求子的风俗，如扬州拜三茅真君，又称瞎子赛会,温州则在农历三月初三供无常鬼，祈求健康，多生贵子，厦门有石狮会，成都有抛童子会。在抛童子会上，谁抢到童子，谁就能生子，故抢到童子的人被视为英雄。

山东齐河不育妇女，在农历三月初三要去娘娘庙烧香叩拜，主持赐给一根红线，求育者用红线拴一个泥娃娃，象征娘娘神赐子，生子后把泥娃娃放在墙洞内，每年的农历三月初三都要给娘娘神烧香上供。在杨柳青年画中有一幅"大娃娃"年画，说明京津地区也流行拴娃娃风俗。

上巳节虽然主要是祈求人类繁衍，但是古代信仰认为人的繁衍也能促进农作物的繁殖。民间流传的麦生日，就认为麦与人一样有一种生育能力。

此外，还有踏青、赏花、插花、泛舟、歌舞等多种节目。踏青也称春游，唐代的长安特盛，《开元天宝遗事》记载：

长安春时，盛于游赏，园林树木无闲地。

娘娘庙神像

《秦中岁时记》记载：

唐上巳日，赐宴曲江，都人于江头禊饮，践踏青草，谓之踏青。

春时百花开，除牡丹外，唐人也喜欢观赏杏、桃等花。曲江西侧有杏园，春时数顷杏花盛开，赏花人川流不息，《开元天宝遗事》记载：

杨国忠子弟，每春至之时，求名花异木植于槛中，以板为底，以木为轮。使人牵之自转，所至之处，槛在目前，而便即欣赏，目之为移春槛。

■ 唐代壁画《乐舞图》

车载花槛构成一道流动的风景，供游赏者观看，也是唐都长安人赏花方式之一奇。

插花是把鲜花折下插在头上发鬓间或别在衣领上。杜牧《杏园》诗所谓"莫怪杏园憔悴去，满城多少插花人"，就是对插花习俗描述。唐诗中还有"间插花枝万万头""好花皆折尽"的文句，皆属同类。

斗花是用名花奇卉进行比赛，以拥有或头上插戴多而奇者获胜。《云仙杂记》卷四记载：

霍定与友生游曲江，以千金募人窃贵侯

亭榭中兰花插帽，兼自持往绮罗丛中卖之。士女争买，抛掷金钱。

唐代长安平民的赏花，进士们的探花，仕女们的插花、斗花，生意人用此商机出现的种花、卖花，多是围绕曲江风景区的杏园、慈恩寺及外围杜陵而进行的。由此可知民俗风情一旦形成会对经济产生巨大的推动作用，关键是我们如何像唐人那样首先塑造一个文化氛围来。乐舞即音乐、歌唱、舞蹈。据《开元天宝遗事》记载：

杨国忠子弟，恃后族之贵，极其奢侈，每春游之际，以大车结彩帛为楼，载女乐数十人，自私第声乐，出游园苑中。长安豪民贵族皆效之。

春游时，唐人载歌载舞，据《曲江春宴录》记载，每年春时，人们剪百花，装饰成狮子形，颈扣小连环，用蜀锦流苏牵之，互相赠送，以贺春，并唱道："春光且莫去，留与醉人看。"这似乎成为当时很流行的春游礼品与惜春歌曲。

阅读链接

上巳节又称元巳节、修禊节，最初在每年农历三月的第一个巳日，后来为了便于记忆，自魏晋时起，人们便将它固定在每年农历的三月初三，而不再问逢巳与否。

《晋书》卷二十九《礼志》载："汉仪，季春上巳，官及百姓皆禊于东流水上，洗濯祓除去宿垢。而自魏以后，但用三日，不以上巳也。"

关于上巳节的起源，据专家考证，可能源于上古时期对主管爱情、婚姻和生育的女神的祭祀活动及由此而来的仲春之会。

传统佳节中的饮食习俗

　　传说，阳间和阴间之间的界限并没有像后世一样严格地规定，死人的魂魄可以到阳间玩儿，活人的魂魄也可以到阴间看看，方便得就像走亲戚一样。

鬼市雕塑

每年的农历三月初三，阴阳生死之间的界限更加宽松了。三月初三晚上，阴间的街市到处张灯结彩，披红挂绿，大街小巷挤满了华丽的鬼魂。随处可见龙灯、狮舞、高跷、花船，其热闹繁荣非人间的春节可比。

■ 传说中阎罗殿图

因而在这天晚上，人的魂魄经受不了阴间的诱惑，纷纷到鬼市去游玩。他们有的游荡于街头巷尾观灯看戏，有的在酒楼茶肆喝酒听曲，有的趁机去看望从未见过面的列祖列宗。

待到雄鸡报晓，鬼市收市时，大多数的游魂心满意足地回到各自的躯体。少数游魂乐而忘返，就留在阴间了。

第二天，阳间一片哭声，人们为那些魂魄不归的亲人请来和尚道士念经画符招魂。亲人撕心裂肺的呼喊声及和尚道士的经文符咒能招回一些不贪玩的游

高跷 舞蹈者脚上绑着长木跷进行表演的形式，技艺性强，形式活泼多样，由于演员踩跷比一般人高，便于远近观赏。关于高跷的起源，学者们多认为与原始氏族的图腾崇拜、沿海渔民的捕鱼生活有关。

■ 古书上的荠菜图

观音 又称观世音菩萨、观自在菩萨、光世音菩萨等。传说其相貌端庄慈祥，经常手持净瓶杨柳，具有无量的智慧和神通，大慈大悲，普救人间疾苦。当人们遇到灾难时，只要念他的名号，他便前往救度，所以称观世音。观世音菩萨在佛教诸菩萨中，位居各大菩萨之首，是我国百姓最崇奉的菩萨，拥有的信徒最多，影响最大。

魂，一些玩儿性大的在7天身体腐烂后，就长离人间了。

因此，农历三月初三就成了人间恐怖不安的日子，被人们称为"鬼节"。不管人们如何恐惧，每年三月初三的"鬼节"还是照常光临。节日前夕，人们都拥到庙里烧香磕头，祈求神灵菩萨保佑。人间浓烈的香火，直冲到观音菩萨的莲花座前。

观音掐指一算，知道了人间烧香的原委。一天晚上，观音托梦给一个老奶奶，说："我是南海观音菩萨，知道人间有难，特来拯救你们。我赠你仙草一株，用它和面做粑粑吃下，三月初三保管无恙。"

老奶奶一觉醒来，手里果然拿着一株青茸茸的小草，仔细一看，跟地里长的青蒿一样。她把观音菩萨托梦赠草的事告诉乡亲，大家都很欢喜，忙到地里去采摘青蒿，磨面做粑粑吃。

说也奇怪，凡是三月初三吃了蒿子粑粑的人都平平安安地过了"鬼节"关。这个消息很快传遍各地，每年三月初三前夕，女人们就成群结队到山间地里采摘青蒿做粑粑，安徽舒城、霍山民间一直都有三月初三吃蒿子粑粑的习俗。

农历三月初三，还有吃荠菜煮鸡蛋的习俗。荠菜又称地菜、田儿菜等，是生长在田头地角的一种野菜。虽说是野菜，但鲜香可口、营养丰富。民谚道：

三月三，荠菜当灵丹。
三月三，荠菜煮鸡蛋。

春天正是采食荠菜的季节，春食荠菜也是民间由来已久的传统习俗。中医认为荠菜味甘、性凉，归肝、脾、肾经，有和脾、利水、止血、明目等效用。荠菜食用方法很多，可拌，可炒，可烩，还可用来做馅或做汤，均色泽诱人、味道鲜美，是一道药食同源的美味佳蔬。

在湖南，用荠菜来煮鸡蛋是最常见的一种吃法。每到三月初三这天，荠菜便长茎开花，妇女都会采摘来插在发际。

因荠菜的谐音是"聚财"，所以老百姓又根据民间传说，于三月初三这一天，在祭祖的时候，借助祖先的神灵和财气，人们会将新鲜荠菜洗净后捆扎成一小束，放入鸡蛋、红枣，再配两三片生姜，煮上一大锅，全家都吃上一碗，食之既可交发财运，又可防治头痛头昏病，久而久之便形成一种民间特有的食疗习俗。据说可以祛风湿、清火，腰腿不痛，还可预防春瘟。

阅读链接

宋朝后，农历三月上巳风俗渐渐衰微，一些习俗仍在流传。

明初时，皇帝朱元璋为示太平盛世、与民同乐，三月初三携大臣们一道春游，这天"金陵城扶老携幼，全家出动。牛首山彩幄翠帐，人流如潮"。

后来，我国各地还留有三月初三消灾除凶的风俗。如北京一带"三月三，病创者多以长流水洗之"；江苏吴中地区"三月三，人家皆以野菜花置灶陉上，以厌虫蚁"；安徽寿春地区"三月初三，士女多携酒饮于水滨，以祓禊不祥。妇女小孩，头插荠菜花，俗谓可免一岁头晕之病"。

少数民族中的三月三节俗

壮族三月三对歌人偶

上巳节在许多少数民族地区都流行，瑶族、壮族、侗族、布依族、畲族、黎族、土家族、土族、水族、苗族、仫佬族、毛南族也都过上巳节。

相传在很久以前，野兽经常出入瑶族村寨伤人、损坏庄稼，为了保卫家园，寨子的民族英雄盘古率勇士上山狩猎、捕杀猛兽。盘古不幸被羚羊用角顶破腹部而当场死亡，那天正是农历的三月初三。

为了纪念英雄盘古，瑶族人民把每年的三月初三日定为纪念盘古的日子，取名"三月三"，又名"干巴节"，即每年的三月三之前，瑶族男人都提前一个星期到老林狩猎，捕杀野兽，下河捞鱼摸虾，并

侗族三月三吹芦笙

且烤成干巴带回家里。将捕获的野物鱼类按户分配，共享收获的欢乐，后云集于广场，唱歌跳舞，欢度佳节。

妇女们则在这天上山采摘小靛叶等天然染料，煮水后染成红、黄、蓝、紫等颜色的糯米饭，用于敬献盘古，年复一年，一直传了下来。

瑶族人民放下手中的农活集体休息一天，以祭奠盘古，即妇女们休息做针线活，男人们读经书、喝酒、娱乐，姑娘和小伙子们相约到寨子边的荒山上、丛林里对歌、玩耍，谈情说爱。

壮族在三月初三会赶歌圩，人们搭歌棚，举办歌会，青年男女们对歌、碰蛋、抛绣球，谈情说爱。相传是为纪念壮族歌仙刘三姐而形成的节日，故又称歌仙节。壮族多于三月初三扫墓，通常在三月初三时蒸五色糯米饭。

抛绣球 用彩绣做成的绣球，是我国民间常见的吉祥物，姑娘抛出的绣球，代表着姑娘的心。抛绣球是壮族人民喜闻乐见的传统体育项目。它的历史可追溯到两千多年前。当时用以甩投的是青铜铸造的古兵器"飞砣"，并且多在作战和狩猎中运用。

侗族三月三节歌舞表演

侗族 我国少数民族之一。居住区主要在贵州、湖南和广西的交界处，湖北恩施也有部分侗族。侗族的祖先可以追溯到秦汉时期的百越、干越。隋唐、五代、宋朝时期的"僚"，元、明、清时期的"峒人"，后来又有许多汉族人来到他们的居住地，与当地人混合而成，统称为"侗族"。

据侗族传说，古时侗族的原始属地总是以桐树开花时为插秧节。但有一年桐树没有开花，结果误了农时，只好逃荒到贵州镇远报京一带。

为了吸取过去的教训，每到三月初三人们便吹芦笙唱歌，走访亲友，并相互提醒该忙农事了。侗族多在节日举行抢花炮、斗牛、斗马、对歌、踩堂等活动，亦称"花炮节"。

侗族的三月三，节期为5天。每逢农历三月初一，家家户户便开始准备。三月初二，姑娘们相邀到河边捞鱼抓虾，并与小伙子们在坡上备办野餐。

初三清晨，姑娘们精心打扮后，提上精巧的竹篮，到菜园采来满篮葱蒜，在泉边用水洗净。她们排成一字长龙，站在水边小路上，羞涩地挥动手中的篮子，悄悄地向山坡上张望，等待情郎讨取。

这个时候，山坡上早已站满了人，里边有姑娘的家人，要看看到底是哪家后生讨走了篮子。一群穿着整洁的青布对襟上衣的小伙子，在人们善意的哄笑中，一个跟一个地走上水边小路。

这时，小伙子们当众向意中人讨篮，得到者会迎来一阵"噢噢"的赞叹声，小伙子可与姑娘悄声约定还篮时间。

讨不到篮子的小伙子会招来围观者"嘘嘘"的嘲讽声，而后在寨旁山坡上对歌，以歌声继续寻觅知音，一直唱到天亮。这天中午，人们集中在寨中心的场地上欢歌狂舞。

在三月初四这天，还要举行盛大的化装舞会。三月初五下午要为前来观看的邻近村寨的客人举行欢送仪式。

三月三也是布依族较为普遍的传统节日。节日来源与活动内容，随居住地区不同而有所区别。贵阳市乌当区新堡乡一带布依族将三月三又叫"祭地蚕"，俗称"地蚕会"。

布依族 我国少数民族之一。布依语属汉藏语系壮侗语族的壮傣语支。布依族以农业为主，种植水稻的历史较为悠久，享有"水稻民族"之称。红水河流域还是我国最重要的林区之一。

■ 布依族祭地蚕传统活动

■ 布依族祭祀

传说古时有一个庄稼汉，发现年年春播之后都有许多地蚕将幼苗咬死。经过反复观察，他认为地蚕是天神放到大地的"天马"。为避免幼苗遭受虫害，他用了许多方法祭祀都不灵验。后来，他在春播时炒包谷花去喂地蚕，最终保住了幼苗。

这个消息很快传到远近的布依人家。此后，这一带的布依族为了保护农作物，争取获得丰收，于每年三月初三这天，都用炒包谷花做供品，三五成群地到附近山坡祭祀"天神和地蚕"，祈求天神保佑，不叫地蚕咬死田地里的禾苗，让五谷丰登。祭毕，人们沿着田边土坎儿边走边唱山歌，并把包谷花撒向田土中。

贵州罗甸坝王河一带，因气温较低，此时枫叶尚小，未能着色，以三月初三为"枫叶节"。节日这天，人们到山野踏青游春，儿童们摘嫩枫叶做成圆球抛打，妇女们则摘几片嫩枫叶插在发髻上。

此外，家家把糯米染成五颜六色，做花糯米饭吃。青年们到山坡上吹木叶、唱山歌。如果遇上称心如意的对手，晚上便相邀到布依村寨，通宵达旦地对歌。临别时，主人家用芭蕉叶包着花糯米饭和鸡腿肉分送歌手，作为节日的礼物。

贵州望漠县布依族传说三月初三是"寒日"，吃

山神 古人将山岳神化而加以崇拜。从山神的称谓上看山神崇拜极为复杂，各种鬼怪精灵皆依附于山。最终，各种鬼怪精灵的名称及差异分界都消失了，或者你中有我、我中有你而互相融合了，演变成每一地区的主要山峰皆有人格化了的山神居住。

了狗肉可以驱寒。此日有用狗肉请客的习俗。

贵州安龙县部分布依族传说三月三是山神的生日。人们为避免山神放出蝗虫伤害庄稼，确保农业丰收，旧有扫寨祭山神的习俗。

三月三这天，人们到村寨山神坛前摆设雄鸡、刀头等供品，还要杀一只狗，将血洒在纸旗、纸马和寨子进出要道口的石头上，然后由"老魔公"及其他人员携带淋有狗血的纸旗、纸马，到各家各户扫除妖魔鬼怪。

各家大门口要设置一张长凳，凳上摆上一个装满清水的水碗和一个装有瓦砾石粒的碗。

"老魔公"在大门口咒念"魔经"，打几个"农阳卦"，再将瓦砾石粒向这家房屋内乱撒，将水碗的水四处乱泼，掀翻大门前的长凳，扣起水碗，意为扫除了魔鬼。

最后，给这家插上沾有狗血的纸旗、挂上纸马，另赴他家去扫除。村寨住户都轮扫完毕，"老魔公"回到神坛，将收扫的妖魔鬼怪集中镇压于神灵之前，然后全寨男人于神坛就地会餐，称为"陪神吃饭"。

贵州安龙县的德卧镇布依族称三月三为"赶毛杉树"，又叫"毛杉树歌节"，为期3天，聚会者达数万之众。云南罗平八达河一带的布依族的三月三，是男女青年唱歌对调的节日。

这天，男女老少来到河边听青年们唱山歌，观看孩子们比赛划竹排，有的人家还给孩子做花糯米饭，分送到边和寨旁，有的则用小

布依族服饰

畲族舞蹈人偶

花布口袋装上鸡蛋和各类食品，供玩耍和参加比赛活动的青少年吃。

云南罗平县牛街的布依族男女青年则要在这3天中举行盛大的游山、对歌和交友活动。

方圆几十里的各族青年，届时也来到马把山腰一带，参加和观赏这一传统的赛歌对调活动。歌手们可以在这样的场合中大显身手，凭着即兴作诗吟唱的天才，能和对手连唱三天三夜甚至更长的时间。有许多男女青年通过这些活动建立了爱情关系。

畲族以三月三为谷米的生日，家家吃乌米饭。传说，唐代畲族英雄雷万兴率起义军抗击官军围剿，以乌稔果充饥而军威大振，于三月三这天突围成功，连战连捷。畲民为纪念此事，每年三月三要吃乌米饭，集会对歌。

在畲族民众中，三月三是可以与春节相提并论的重大节日。这天，家家户户要宰杀牲口，祭祀祖先。许多人家往往选择这天举办婚礼。

夜幕降临时，则举行篝火会，竞相对歌。畲民善对歌，还要赶舞场，跳起火把舞、木拍灵刀舞、竹竿舞、龙灯舞、狮子舞、鱼灯舞。还有问凳、操石磉、腹顶棍、操杠、赶野猪等畲族民间竞技。

黎族称三月三为"孚念孚"，为预祝"山兰"和打猎丰收的节日，也是青年男女自由交往的日子，人们称它为谈爱日。关于它的来历，有个美丽的传说故事。

相传很久以前，海南七指岭地区遇到罕见的大

畲族 是我国人口较少的少数民族之一，散居在我国东南部福建、浙江、安徽、江西、广东省境内，其中90%以上居住在福建、浙江广大山区。为古代闽越族遗民的后代，在古代被迁入处州，即浙江丽水，是我国典型的散居民族之一。

旱，人们度日如年。

一天清早，一个名叫亚银的年轻人告诉大家，说他梦见一只百灵鸟，要想摆脱这场灾难，必须爬上五指山的顶峰，吹起鼻箫诱捕它。亚银自告奋勇地登上五指山顶峰，他在山顶上吹起他心爱的鼻箫。

一直吹了三天三夜，一只百灵鸟才从幽谷中飞来，亚银赶忙追捕，他追过一座山岗，最后亚银定神一看，百灵鸟变成了一位非常漂亮的黎族姑娘。姑娘答应跟亚银到人间解救灾难。

旱灾解除后，未想到却触怒了峒主。他派家丁把百灵姑娘捉去，这时亚银赶来，他俩躲进一个山洞里，峒主命令家丁用火烧，当火烧到山洞时忽然乌云滚滚、雷声大作、石裂山崩，把万恶的峒主和他的家丁全压死了。

亚银和百灵姑娘变成一对鸟儿，飞上天空，乡亲们闻讯赶来，目送他们，激动地跳起舞、唱起歌，祝他们美满幸福。这一天正是农历三月初三，从此这天

鼻箫 黎族富有特色的边棱气鸣乐器，因用鼻孔吹奏而得名。吹孔设于管端节隔中央，流行于海南岛黎族，黎族语也称"虽劳""屯卡""拉里各丹"。历史久远，一千多年前已在我国海南岛民间流传。

■ 黎族三月三庆祝打猎

便成了黎家的一个传统节日。

为了庆祝三月三，准备工作要提前半个月进行。男子上山狩猎，把所获猎物腌好封存。妇女在家舂米和做粽粑，青年男女准备漂亮的服饰和定情的礼物。猎物和粽粑作为祭品，用以祭祀礼堂里的祖先，若出猎无所获，则杀鸡代替，祭祀由氏族老人主祭。

节日那天，黎族人民集合在一起，预祝"山兰"、狩猎双丰收。老人们携带腌好的山味和酿好的糯米酒，来到村中最享众望的老人家里，席地围坐在芭蕉叶和木瓜叶上痛饮。

土家族的三月三则是土家族的情人节，三月初三的那天，土家族的阿哥阿妹聚在一起，以山歌为媒，以踩脚定亲。

土族传统节日鸡蛋会也是在每年的农历三月初三，有些地区也会在三月初八或者是三月十八，因地而异。这天，人们在寺庙里举行献牲酬祭，请法师诵经跳酬神舞，以禳灾祛祸，保五谷丰登，人畜两旺。与会群众还随身携带许多熟鸡蛋，一是自食，二是相互敲击做戏，异常热闹。

其他如水族、苗族、仫佬族、毛南族等族都有各自传统的三月三节日习俗。

阅读链接

轩辕黄帝是中华民族的人文始祖，中华儿女的共同祖先。据《易经》《史记》《山海经》等记载，轩辕黄帝故里在河南郑州下辖的新郑地区。

春秋时代的历史典籍中就有三月三登新郑具茨山（俗称"始祖山"）朝拜黄帝的记载，唐代以后渐成规制。盛世时由官方主拜，乱世时由民间自办，一直延续下来。

黄帝故里拜祖大典，弘扬中华民族优秀传统文化，缅怀始祖功德，突出了中华民族寻根拜祖的主题，象征中华儿女血脉相连、薪火相传。

祭灶节

农历腊月二十三，为汉族传统节日祭灶节，民间又称"交年""小年夜""小年"。这天晚上家家户户均行"祭灶神"的仪式。

祭灶神为商周时代五祀之一，初为夏祭，后改为腊祭，古称"炎帝于火而死为灶"，古祭灶日期，有"官祭三，民祭四，王八祭五，鳖祭六"之说。

小年祭灶是大江南北共同的习俗。过去，到这天人们都要在灶屋的锅台附近墙壁上供奉灶王爷、灶王奶奶。

佛龛神像的两侧还要贴上一副对联，上联写着"上天奏好事"，下联写着"下界保平安"或者"回宫降吉祥"，横额是"一家之主"。

祭灶于周代成为固定的仪式

灶王年画

相传在很久以前，有一个人叫张腊月，娶的妻子叫丁香女，丁香女生得聪明贤惠，十分可爱，只是成婚几年没生儿女。为了这，张腊月觉得心里凉冰冰的，不是个滋味儿。

丁香女的表妹叫王海棠，相中了张腊月，偷偷对他说："只要你休了丁香女，把我娶进门，不出3年我给你生个小儿郎，他跑到这边叫声爹，跑到那边叫声娘，你说这样强不强？"

张腊月果然休了丁香女。丁香女哭肿了双眼，也伤透了心。他望着这无情无义的负心郎，把眼泪一擦，胸脯一挺，说道："我走！"

张腊月问丁香女想要什么东西？丁香女说她只要一辆纺线车，一辆破车和一头老牛。这点儿东西张腊月根本没放在眼里，一口答应了。

丁香女将纺线车装在破车上，抚摸着拉车的老牛说："老牛啊，你拉着我走吧！拉我到个好墚儿里，我好草好料喂着你，拉我到个孬墚儿里，我可就没法养活你了！"

老牛像听懂了似的，拉着丁香女走啊，走啊，来到一所破窑前停下。

丁香女往破窑里一打量，看见墙根下有一支金簪闪闪发光。丁香女急忙拾起金簪，往北一晃，北面"刷"地立起一座楼房，她又往东一晃、往西一晃，东楼、西楼也都立起来了。丁香女十分高兴，就在这里安下家，支起纺线车纺线，靠卖线过日子。

丁香女走后，张腊月便兴冲冲地来到丁香女的表妹家，进门就说："表妹，丁香女被我休了，咱俩快拜堂成亲吧！"正在这时突然家人跌跌撞撞地跑来，慌慌张张地对张腊月说："老……老爷，不好了！家中失火了！"

"啊！"张腊月一惊，匆匆跑回家一看，所有家产化为灰烬。他生活没有了着落，只好去投奔王海棠。

■ 灶王爷、灶王奶奶画像

纺线车 是用来把棉花纺成棉线的一种简易的劳动工具。关于纺车的文献记载最早见于西汉扬雄的《方言》，记有"維车"和"道轨"。兽锭纺车最早的图像见于山东临沂银雀、山西汉帛画和汉画像石。由纺线车纺织出来的线是老粗布的原始材料。

古老的灶君庙

谁知王海棠翻脸不认人，恶声恶气地说："哼，真是癞蛤蟆想吃天鹅肉！你这个穷光蛋，想让我嫁给你去喝西北风啊。滚！"

张腊月一听，气得浑身颤抖，忽然觉得眼前像蒙上了一层黑布，气火攻到眼里，什么也看不见了，两手摸索着，哭喊着："我的眼，我的眼啊……"王海棠根本不理他。

张腊月这时想起了贤惠、善良的丁香女，又悔又恨，呼天号地大哭一场，只好离开王家，沿街乞讨。

丁香女喜欢吃面条，这一日她做好面条正要吃，忽听外面传来讨饭的叫喊声。远听像是丈夫的声音，近听更像是丈夫的声音，丁香女急忙跑到街上一看，只见张腊月双目失明，穿得破破烂烂，走路踉踉跄跄，手持打狗棍，正摸索着沿街乞讨。

善良的丁香女见他落到这般光景，不由心中一阵酸楚，把过去的怨恨全忘了。她不言不语走上前去，拉着张腊月的打狗棍，把他领进家，盛上一碗面条，拔下头上的金簪插在碗里，递给他说："快趁热吃吧！"

张腊月双手捧着香喷喷的面条，长叹道："唉……自从休了丁香女，从没吃过这么好的面条！"

丁香女问："你吃的谁的面条？"

张腊月光顾狼吞虎咽，没顾得上答话。忽然，他"哎哟"一声，从嘴里吐出一支金簪说："这块鸡骨头，把我好硌！"

说着，"当"的一声把金簪扔到地上。丁香女摇摇头："唉！真是生就的穷骨头。我给你插上一支金簪，你倒当成了鸡骨头！"

张腊月听了这话一愣怔，他越琢磨越觉得是丁香女的声音，急忙问："你，你是谁？"

"我，我就是被你休出门的丁香女啊……"丁香女呜呜地哭着，再也说不下去了。

张腊月听着丁香女揪心的哭声，越想越羞愧，觉得无地自容，悲怆地喊道："我好糊涂啊！"猛地站起来，"砰！"一头撞到坑沿上，立时气绝身亡了。

丁香女见张腊月死了，悲悲切切地把他安葬了。为了纪念他，找人给他画了一张像，挂在锅灶边。

有人问他："这是谁？"

丁香女说："这是当家的，能够上天言好事，下界保平安。"

后来，人们为了吸取这一惨痛教训，都学着丁香女，把张腊月的画像挂在锅灶旁边，称他是当家的，并在画像上方贴一横匾，写着"一家之主"。

时间长了，就把他叫成"灶王爷"了。正赶上过年，一传俩，俩传仨，世间的人们就都供起灶王爷来了。

灶王爷也称灶王、灶君、灶神、灶公灶母、东厨司命等，是我国古代神话传说中的司饮食之神。灶君本

灶王夫妇塑像

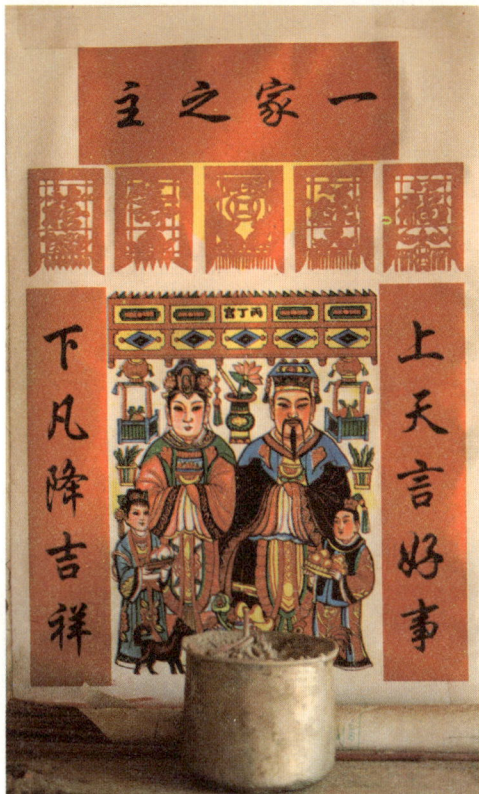
■ 灶王祭台

人，早期有炎帝、祝融之说。后来又衍生出许多说法。晋以后则列为督察人间善恶的司命之神。

自人类脱离茹毛饮血，发明火食以后，随着社会生产的发展，灶就逐渐与人类生活密切相关。崇拜灶神也就成为诸多拜神活动中的一项重要内容了。

故《礼记·祭法》中有"王为群姓立七祀"，即有一祀为"灶"，而庶士、庶人立一祀，"或立户，或立灶"。

我国古代就有祭祀灶神的。魏晋以后，灶神有了姓名。隋代杜台卿《玉烛宝典》引《灶书》称：

灶神，姓苏，名吉利，妇名抟颊。

唐李贤注引《杂五行书》又称：

灶神名禅，字子郭，衣黄衣，披发，从灶中出。

灶神初为女神，或称老妇，或称美女，说法诸多。出自清代的《敬灶全书》则称，灶君姓张，名禅，字子郭，当属男神。

祝融 本名重黎，我国上古帝王，以火施化，号赤帝，后尊为火神、水火之神、南海神，古时三皇五帝之一。祝融传下火种，教人类使用火的方法，常奏《九天》，使黎民百姓精神振奋，情绪高昂，对生活充满热爱。另一说祝融为颛顼帝孙重黎，高辛氏火正之官，黄帝赐姓"祝融氏"。

后来民间供奉的东厨司命定福灶君，是一对老夫妇并坐，或是一男两女并坐，即灶君和灶君夫人的画像。

道教兴盛之后，曾借《经说》之论，将灶神说成一位女性老母，能够：

管人住宅。十二时辰，善知人间之事。
每月朔旦，记人造诸善恶及其功德，录其轻重，夜半奏上天曹，定其簿书。

后来就发展成既有灶君爷爷又有灶君奶奶之说。在不同的地区里，灶君夫妇又由不同的人选来充当，同时伴随着当地流行的民间传说故事。

传说灶王爷是玉帝派到每家的监察官，到了腊月二十三便要升天，去向天上的玉帝汇报这家人的善行或恶行。

玉帝听后再将这家人在新的一年应该得到的吉凶祸福命运交给灶王爷之手，所以在腊月二十三这天，人们"送灶"之时，要供上用饴糖和面做成的糖瓜，竹篾扎成的纸马以及喂牲口的草料，目的就是让灶王爷甜甜嘴，上天说好话，入宫降吉福。

民间有"男不拜月，女不祭灶"的俗语。有的地方，女人是不祭灶的。据说，灶王爷长得像个小

《玉烛宝典》
记录古代礼仪及社会风俗的著作，原为12卷。隋代杜台卿著。《玉烛宝典》以《月令》为主，触类而广之，博采诸书，旁及时俗。《月令》主要记述农历一年12个月的时令以及与此相关的天子诸侯祭祀等事，并将各类事物归并于阴阳五行相生相克的系统中。

■ 年画灶王夫妇

■ 灶火表演砖雕

古老的佳节

礼器 我国古代贵族在举行祭祀、宴飨、征伐及丧葬等礼仪活动中使用的器物。我国最早的礼器出现在夏商周时期，主要以青铜制品为主。商周青铜礼器又泛称彝器。进入商周社会后，礼器成为"礼治"的象征，用以调节王权内部的秩序，从而维护社会稳定。这时的礼器包括玉器、青铜器及服饰等。

白脸，怕女的祭灶，有男女之嫌。对于灶王爷的来历，说起来源远流长。

在我国的民间诸神中，灶神的资格算是很老的。早在夏代，他已经是民间所尊奉的一位大神了。

据古籍《礼记·礼器》孔颖达疏：

颛顼氏有子曰黎，为祝融，祀以灶神。

《庄子·达生》记载："灶有髻。"西晋史学家司马彪注释说："髻，灶神，着赤衣，状如美女。"《抱朴子·微旨》中又记载：

月晦之夜，灶神亦上天白人罪状。

这些记载，可能就是祭灶神的来源。还有别的说法，或说灶神是钻木取火的"燧人氏"，或说是神农氏的"火官"，或说是"黄帝作灶"的"苏吉利"，或说灶神姓张，名禅，字子郭，众说不一。在民间的传说中则流传着一个颇为有趣的故事。

据说，古代有一户姓张的人家，有兄弟俩，哥哥是泥水匠，弟弟是画师。哥哥拿手的活是盘锅台，东街请，西坊邀，都夸奖他垒灶手艺高。年长月久出了名，方圆千里都尊称他为"张灶王"。

说来张灶王也怪，不管到谁家垒灶，如果遇别人家有纠纷，他爱管闲事。遇上吵闹的媳妇儿他要劝，遇上凶婆婆他也要说，好像是个长辈。后来，左邻右舍有了事都要找他，大家都很尊敬他。张灶王整整活了70岁，寿终正寝时正好是腊月二十三深夜。

张灶王一去世，张家可乱了套。原来张灶王是一家之主，家里事都听他吩咐，现在大哥离开人间，弟弟只会诗书绘画，虽已花甲，但从未管过家务。儿女侄媳妇儿们都吵着要分家，画师被搅得无可奈何，整日愁眉苦脸。

有一天，他终于想出个好点子。就在腊月二十三张灶王亡故一周年的祭日，深夜，画师忽然呼叫着把全家人喊醒，说是大哥显灵了。

他将儿子媳妇儿全家老小引到厨房，只见黑漆漆的灶壁上，飘动着的烛光若隐若现显出张灶王和他已故妻子的容貌，家人都惊呆了。

画师说："我入寝时梦见大哥和大嫂已成了仙，玉帝封他为'九天东厨司命灶王府君'。你们平素好吃懒做，妯娌不和，不敬不孝，

多进美言

祭灶节

请灶神

闹得家里不安。大哥知道你们在闹分家，很气恼，准备上天禀告玉帝，年三十晚下界来惩罚你们。"

儿女侄媳妇儿们听了这番话，惊恐不已，立即跪地连连磕头，忙取来张灶王平日爱吃的甜食供在灶上，恳求灶王爷饶恕。

从此以后，经常吵闹的儿女侄媳妇儿们再也不敢撒泼，全家和谐相处，老少安宁度日。这事给街坊邻居知道后，一传十，十传百，都赶来张家打探虚实。

其实，腊月二十三日夜灶壁上的灶王，是画师预先绘制的。他是假借大哥显灵来镇吓儿女侄媳妇儿们，不料此法果真灵验。所以当乡邻来找画师探听情况时，他只得假戏真做，把画好的灶王像分送给邻舍。如此一来，各乡流传，家家户户的灶房都贴上了灶王像。

岁月流逝，就形成了腊月二十三给灶王爷上供、祈求合家平安的习俗。祭灶风俗流传后，自周开始，皇宫也将它列入祭典，在全国立下祭灶的规矩，成为固定的仪式了。

阅读链接

灶神是男是女？自古便有不同的说法，一般经学家认为灶神为老妇，或为美女。《杂五行书》记载："灶神名禅，字子郭，衣黄衣，披发，从灶中出。"看样子颇为飘逸，大约出于清代的《敬灶全书》又说："灶君姓张，名禅，字子郭，当属男神。"

民间供奉的东厨司命、定福灶君的纸马，往往是一对老夫妇并坐，即灶君和灶君夫人的画像，看来我国的百姓是怕男性灶神寂寞才为其添了一位灶王奶奶一同供奉。

源于古代信奉灶神的历史

　　在古代人们信奉的众多神灵中，灶神在民间的地位是最高的。灶神俗称灶君、灶爷、灶王爷，是由原始的火崇拜发展起来的一种神祇崇拜。

　　自灶神产生之日起，其职掌便与火或灶火毫无关系，他是天帝派驻各家的监察大员，是一家之长，负责监督一家老小的善恶功过，定期上报天庭，因而得到一般老百姓的顶礼膜拜。

　　早在春秋时期，人们就流传着"与其媚于奥，宁媚于灶"的俗谚。

　　孔子在向其弟子解释人们

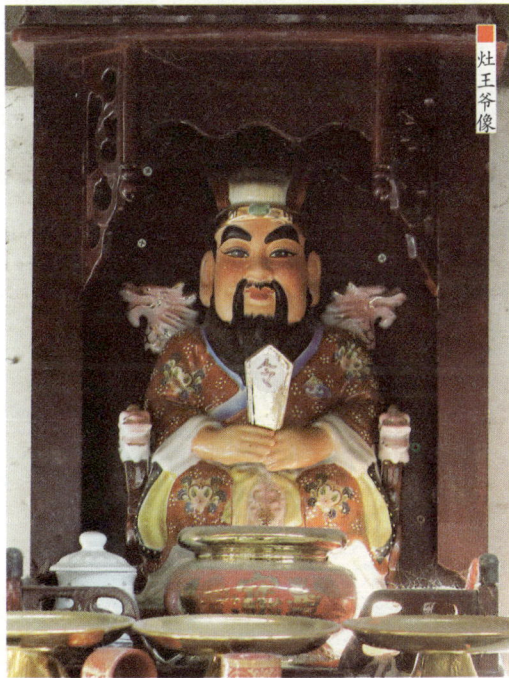

灶王爷像

"媚于灶"的原因时指出："不然，获罪于天，无所祷也。"也就是说，如果不讨好灶神，他就会向上天告你的恶状。

因为人与天帝无法沟通，所以天帝只能任凭灶神如何说。东晋道教学者、著名炼丹家、医药学家葛洪所著《抱朴子·微旨》说：

> 月晦之夜，灶神亦上天白人罪状。大者夺纪。纪者，三百日也。小者夺算。算者，三日也。

也就是说，谁要是得罪了灶神，严重的要少活300天，轻微的也要少活3天。试想，平白无故地丢掉几百日的寿命，这种惩罚实在是让人畏惧。

早期的灶神产生于人们对火的自然崇拜。在秦代以前，祭灶就已成为国家祀典的"七祀"之一了。到了汉代，祭灶又被列为大夫"五祀"之一，并且灶神被人格化，被赋予新的功能。

《太平御览·卷一八六》引《淮南万毕术》就说：

> 灶神晦日归天，白人罪。

东汉末年的经学大师郑玄注《礼记·记法》也说：

> 灶神居人间，司察小过，作谴告者也。

灶王牌位

古老的佳节

古城灶君庙

这说明，至少在汉代，灶神已成为督察人间过错，专向天帝打小报告，说人坏话的神了。

因此，人们如果要祈福禳灾，便要对灶王爷恭恭敬敬，如不得用灶火烧香，不得击灶，不得将刀斧置于灶上，不得在灶前讲怪话、发牢骚、哭泣、呼唤、唱歌，不得将污脏之物送入灶内燃烧等，名目繁多。

腊月二十三这天，灶王爷会升天向玉皇大帝汇报一家人的善行或恶行，玉皇大帝根据灶王爷的汇报，将这家人在新的一年中应该得到的吉凶祸福的命运交到灶王爷之手。因此，送灶时人们在灶王像前的桌案上供放糖果、清水、料豆、秣草。

其中，后三样是为灶王升天的坐骑备料，这就是所谓的祭灶。祭灶时要设立神主，用丰盛的酒食作为祭品。还要陈列鼎俎，设置笾豆、迎尸等，带有很明显的原始拜物教的痕迹。

旧时，差不多家家灶间都设有"灶王爷"神位。灶王龛大都设在灶房的北面或东面，中间供上灶王爷的神像。没有灶王龛的人家，也要将神像直接贴在墙上。

腊月二十三送灶神泥塑

　　有的神像只画灶王爷一人。灶王爷像上大都印有这一年的日历，上书"东厨司命主""人间监察神""一家之主"等文字，以表明灶神的地位。

　　灶王爷自上一年的除夕以来就一直留在家中，以保护和监察一家，到了腊月二十三灶王爷便要升天，去向天上的玉皇大帝汇报这一家人的善行或恶行，送灶神的仪式称为"送灶"或"辞灶"。

　　送灶多在黄昏入夜之时举行。一家人先到灶房，摆上桌子，向设在灶壁神龛中的灶王爷敬香，并供上用饴糖和面做成的糖瓜、竹篾扎成的纸马和喂牲口的草料等。

　　用饴糖供奉灶王爷，是让他老人家甜甜嘴。有的地方，还将糖涂在灶王爷嘴的四周，边涂边说："好话多说，不好话别说。"这是用糖塞住灶王爷的嘴，让他别说坏话。

　　在唐代著作《辇下岁时记》中就有"以酒糟涂于灶王爷醉酒"的记载。人们用糖涂完灶王爷的嘴后，便将神像揭下焚烧，灶王爷和纸与烟一起升天了。

　　有的地方则是晚上在院子里堆上芝麻秸和松树枝，再将供了一年的灶君像请出神龛，连同纸马和草料，点火焚烧。

院子被火照得通明，此时一家人围着火叩头。上西天，有壮马，有草料，一路顺风平安到。供的糖瓜甜又甜，请对玉皇进好言。

送灶君时，有的地方尚有乞丐数名，乔装打扮，挨家唱送灶君歌，跳送灶君舞，名为"送灶神"，以此换取食物。

送灶习俗在我国南北各地极为普遍，《庚子送灶即事》曾说：

只鸡胶牙糖，典衣供瓣香。
家中无长物，岂独少黄羊。

在《送灶日漫笔》一文中也说：

灶君升天的那日，街上还卖着一种糖，有柑子那么大小，在我们那里也有这东西，然而扁的，像一个厚厚的小烙饼。那就是所谓"胶牙饧"了。本意是在请灶君吃了，黏住他的牙，使他不能调嘴学舌，对玉帝说坏话。

《后汉书·阴识传》提到"黄羊"的典故：

宣帝时，阴子方者至孝有仁恩。腊日晨炊，而

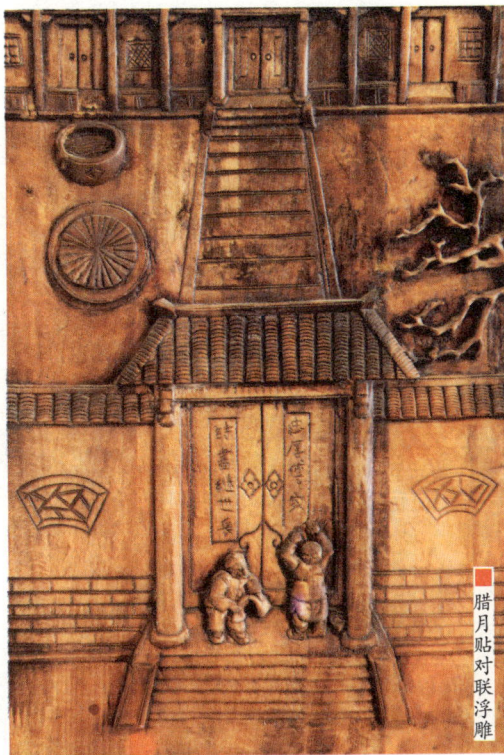

腊月贴对联浮雕

古
老
的
佳
节

■ 祭灶用品

范成大 （1126
年-1193年），
南宋诗人。从江
西派入手，后学
习中晚唐诗，继
承了白居易、王
建、张籍等诗人
新乐府的现实主
义精神，终于自
成一家。风格平
易浅显、清新妩
媚。诗歌题材广
泛，以反映农村
社会生活内容的
作品成就最高。

灶神形见，子方再拜受庆；家有黄羊，因以
祀之。自是已后，暴至巨富。至识三世，而
遂繁昌，故后常以腊日祀灶而荐黄羊焉。

　　阴子方看见灶神，杀黄羊祭祀，后来交了好运。
从此，杀黄羊祭灶的风俗就流传下来了。还要燃鞭放
炮送灶神。祭灶用罢的祭灶糖，一般都与炒玉茭搅在
一起握成团子，分发给家里的孩子或大人吃。按传统
观念，祭灶日为新年的前奏。延续流传口诀是：

　　二十一，送闺女；二十二，送小四；

　　二十三，祭灶官；二十四，扫灰刺；

　　二十五，和煤土；二十六，割下肉；

　　二十七，去赶集；二十八，握疙瘩；

　　二十九，打壶酒；三十，墙上贴上胖
孩；初一，撅的屁股作揖。

　　春节的序曲是腊月二十三的"祭灶"，在古代其

地位仅次于中秋节，古时在外做官、经商或读书者，都要在祭灶日前赶回家团圆，吃自家做的祭灶糖果，以求灶神祈福、来年全家平安。

唐宋时祭灶的供品是相当丰富的。宋代诗人范成大的《祭灶词》对当时民间祭灶有极其生动的描写：

古传腊月二十四，灶君朝天欲言事。
云车风马小留连，家有杯盘丰典祀。
猪头烂熟双鱼鲜，豆沙甘松米饵团。
男儿酌献女儿避，酹酒烧钱灶君喜。
婢子斗争君莫闻，猫犬触秽君莫嗔。
送君醉饱登天门，杓长杓短勿复云，
乞取利市归来分。

诗写得真实细致，饶有情趣，足见古代民风对祭灶的重视和食品的丰盈。

■ 祭灶燃放爆竹雕塑群像

腊月二十三的祭灶与过年有着密切的关系。因为在一周后的大年三十晚上，灶王爷便带着一家人应该得到的吉凶祸福，同其他诸神一同来到人间。

灶王爷被认为是为天上诸神引路的。其他诸神在过完年后再度升天，只有灶王爷会长久地留在人家的厨房内。迎接诸神的仪式称为"接神"，对灶王爷来说叫作"接灶"。

接灶一般在除夕，仪式要简单得多，到时只要换上新灶灯，在灶龛前燃香就算完事了。接着便轮到祭拜祖宗。古时祭灶不分身份，上至皇帝、大臣，下至平民百姓，对灶神都是毕恭毕敬。

有关资料记载，每年腊月二十三，清朝皇帝例行在坤宁宫大祭灶神，同时安设天、地神位，皇帝在神位前行九拜礼，以迎新年福禧。祭灶这天，坤宁宫设供案，安放神牌，神牌前安放香烛供品，殿廷中设燎炉、拜褥。

灶神的崇拜，从早期的企求降福，到后来的谨盼避祸，曲折地反映了古代人民对自己命运的茫然不解，只能把自己遭遇的各种吉凶祸福托之于神，而灶神不许有怨言、说怪话、发牢骚的种种禁忌。

阅读链接

过去，由于一般每家在灶台附近贴有灶神画像，有时还有灶王奶奶画像陪伴，经过一年烟熏火燎，画像已旧，面目黢黑。

腊月二十三这天，要把旧像揭下，用稻草为灶神扎一草马，为了让他"上天言好事，回宫降吉祥"，还要贿赂他，用一块黏稠的糖瓜或者是糕粘在他嘴上，以使其"嘴甜"，只能说好事，然后和草马一起烧掉。

这个过程被称为辞灶。大年三十再将一幅新灶神画像请回贴上。在中间这几天内，由于没有灶神的监督，一般人放量暴饮暴食、聚众赌博，放纵自己犯一些自己平时也认为不应该犯的小过错。

节令饮食以及晋北祭灶文化

　　做糖瓜、祭灶是腊月二十三的主要活动，此后就进入准备过年的阶段了，人们从精神上开始放松。祭灶节在民间十分讲究，取意"送行饺子迎风面"。山区多吃糕和荞面。晋东南地区流行吃炒玉米的习俗，民谚有"二十三，不吃炒，大年初一一锅倒"的说法。

　　古话说"二十三，糖瓜粘，灶君老爷要上天"。灶糖是一种麦芽糖，黏性很大，把它抽为长条形的糖棍称为"关东糖"，拉制成扁圆形就叫作"糖瓜"。冬天把它放在屋外，因为天气严寒，糖瓜凝固得坚实而里边又有些微小的气泡，吃起来脆甜香酥，别有风味。

祭灶糖瓜

传统婚礼蜡像

真正的关东糖坚硬无比，摔不能碎，吃时必须用菜刀劈开，质料很重很细。口味稍酸，中间绝没有蜂窝，每块重一两、二两、四两，价格也较贵一些。

糖瓜分有芝麻的和没芝麻的两种，用糖做成甜瓜形或北瓜形，中心是空的，皮厚不及五分，虽大小不同，成交以分量计算，大的糖瓜有重一二斤的。

关东糖又称灶王糖、大块糖。一年之中，只有在小年前后才有出售。关东糖是用麦芽、小米熬制而成的糖制品，它是祭灶神用的。

清代人写的《燕京岁时记》中记载，清代祭灶，供品中就有"关东糖""糖饼"。

关东糖在东北地区的大街小巷、街市上，都有小贩叫卖："大块糖，大块糖，又酥又香的大块糖。"乳白色的大块糖，放在方盘上，一般有三寸长，一寸

《燕京岁时记》是一部记述清代北京风俗杂记。此书除记载当时的北京风俗外，大多数条目还同时引征他书，如《荆楚岁时记》《玉烛宝典》《日下旧闻考》《居易录》等，兼述前代有关习俗制度，有的还穿插考证。

宽，扁平，呈丝条状。

新做的大块糖，放在嘴里一咬，又酥又香，有黏性，有一种特殊风味，是关东男女老少都十分喜爱的一种糖。它已从灶王爷的祭桌上走下来，广为百姓享用。

在晋北地区流传着这样的民歌，表现了对美好生活的追求与向往：

腊月二十三、灶君爷爷您上天，嘴里吃了糖饧板，玉皇面前免开言，回到咱家过大年，有米有面有衣穿。

过了二十三，民间认为诸神上了天，百无禁忌。娶媳妇儿、聘闺女不用择日子，称为赶乱婚。直至年底，举行结婚典礼的特别多。

087

多进美言

祭灶节

■ 腊月二十八贴窗花群像

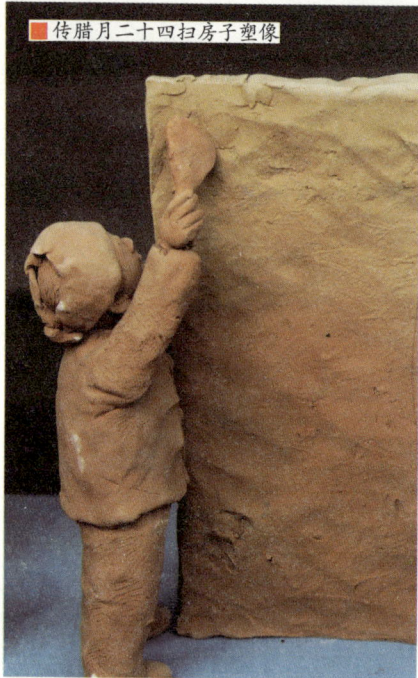
传腊月二十四扫房子塑像

民谣有这样的说法：

岁晏乡村嫁娶忙，
宜春帖子逗春光。
灯前姊妹私相语，
守岁今年是洞房。

过了二十三，离春节只剩下六七天了，过年的准备工作显得更加热烈了。要彻底打扫室内，俗称扫家，清理箱、柜、炕席底下的尘土，粉刷墙壁，擦洗玻璃，糊花窗，贴年画等。

晋东南地区民间流传着两首歌谣，其一是：

二十三，打发老爷上了天；二十四，扫房子；二十五，蒸团子；二十六，割下肉；二十七，擦锡器；二十八，沤邋遢；二十九，洗脚手；三十日，门神、对联一齐贴。

此谣体现了时间紧迫和准备工作的紧张。

其二是一首童谣：

二十三，祭罢灶，小孩拍手哈哈笑。再过五六天，大年就来到。辟邪盒，耍核桃，滴滴点点两声炮。五子登科乒乓响，起火升得比天高。

此谣反映了儿童盼望过年的欢愉心理。

在所有准备工作中，剪贴窗花是最盛行的民俗活动。内容有各种动、植物等掌故，如喜鹊登梅、燕穿桃柳、孔雀戏牡丹、狮子滚绣球、三羊开泰、二龙戏珠、鹿鹤桐椿、五福捧寿、犀牛望月、莲年有鱼、鸳鸯戏水、刘海戏金蝉、和合二仙等。

也有各种戏剧故事，民俗有"大登殿，二度梅，三娘教于四进土，五女拜寿六月雪，七月七日天河配，八仙庆寿九件衣"的说法，体现了民间对戏剧故事的偏爱。有新媳妇儿的人家，新媳妇儿要带上自己剪制的各种窗花，回娘家糊窗户，左邻右舍还要前来观赏。

腊月二十三后，家家户户要蒸花馍。大体上分为敬神和走亲戚用的两种类型。前者庄重，后者花哨。特别要制作一个大枣山，以备供奉灶君。

接着，家家户户都要写春联。民间讲究有神必贴，每门必贴，每物必贴，所以春节的对联数量最多，内容最全。神灵前的对联特别讲究，多为敬仰和祈福之言。

常见的有天地神联——"天恩深似海，地德重如山"；土地神

腊月二十八塑像

联——"土中生白玉，地内出黄金"；财神联——"天上财源主，人间福禄神"；井神联——"井能通四海，家可达三江"。

粮仓、畜圈等处的春联，则都是表示热烈的庆贺与希望。如"五谷丰登，六畜兴旺""米面如山厚，油盐似海深""牛似南山虎，马如北海龙""大羊年年盛，小羔月月增"等。

另外还有一些单联，如每个室内都贴"抬头见喜"，门子对面贴"出门见喜"，旺火上贴"旺气冲天"，院内贴"满院生金"，树上贴"根深叶茂"，石磨上贴"白虎大吉"等。大门上的对联，是一家的门面，特别重视，或抒情，或写景，内容丰富，妙语连珠。

腊月二十三以后，大人、孩子都要洗浴、理发。民间有"有钱没钱，剃头过年"的说法。

吕梁地区讲究腊月二十七洗脚。这天傍晚，婆姨女子都用开水洗脚。不懂事的女孩子，大人们也要帮她把脚擦洗干净，不留一点儿污秽。

民间传有"腊月二十七，婆姨女子都洗脚。一个不洗脚，流脓害水七个月"的俗语。

阅读链接

灶君神像，贴在锅灶旁边正对风匣的墙上。两边配联多为"上天言好事，下界保平安"，下联也有写成"回官降吉祥"的。中间是灶君夫妇神像，神像旁边往往画两匹马作为坐骑。

祭灶时要陈设供品，供品中最突出的是糖瓜。晋北地区习惯用饧，是麻糖的初级品，特黏，统称麻糖。供品中还要摆上几颗鸡蛋，是给狐狸、黄鼠狼之类的零食。据说它们都是灶君的部下，不能不打点一下。

祭灶时除上香、送酒以外，特别要为灶君坐骑撒马料，要从灶台前一直撒到厨房门外。这些仪程完了以后，就要将灶君神像拿下来烧掉，等到除夕时再设新神像。